先生、貧困ってなんですか？

日本の貧困問題 レクチャーブック

認定NPO法人自立生活サポートセンター もやい [著]

合同出版

はじめに

「貧困」とはなんでしょうか？

テレビや新聞などのメディアで「貧困」の文字を目にすることもめずらしくなくなりましたが、みなさんは貧困というとなにを思い浮かべますか？

私たちは、貧困問題を幅広い層の方々にもっと考えていただきたくて、この本を作りました。

この本では、貧困問題を12の切り口でわかりやすく解説しました。ご自分の理解を深めると同時に、学校の授業や仲間うちでの勉強会でお使いになることもできます。まずは貧困を自分の問題として、自分が暮らすこの社会の問題として、身近に感じていただくため、イントロダクションからスタートしてください。その後は最初の章から順番に勉強していただいてもいいですし、興味のある章だけをピックアップしても学習できるように構成しています。目的に応じて活用してください。

学校の授業などでお使いになる場合、生徒のなかには、生活保護を利用している家庭の子、ひとり親の家庭の子、障がいのある子、性的マイノリティの子など、さまざまな状況や属性の子どもたちが存在します。彼らのバックグラウンドに留意しつつ、貧困問題の学習を、属性で人を判断したり差別したりしない人間を育てる好機としていただければ幸いです。

みなさんがこの本で学んだことを、さらに多くの人に広めていただければ、貧困問題への理解は加速度的に広がっていくものと確信しています。多くの人が貧困問題に関心をもち、現状を知ることで、今の状況を改善していくことができるのではないかと考えます。

　　　　　　　　　　　　　　　　　　　　　　認定NPO法人自立生活サポートセンター・もやい

もくじ

はじめに……2
この本の見方・使い方……4

INTRODUCTION	貧困は遠い世界のはなし？……6
CHAPTER 01	貧困ってなんだろう？……14
CHAPTER 02	貧困の今むかし……21
CHAPTER 03	がんばって働けばなんとかなる？……28
CHAPTER 04	どうして「ホームレス」になるの？……36
CHAPTER 05	社会保障ってなに？……44
CHAPTER 06	生活保護ってどんな制度？……52
CHAPTER 07	生活保護って不正受給も多いんでしょ？……62
CHAPTER 08	女性やマイノリティは貧困におちいりやすいの？……70
CHAPTER 09	子どもの貧困ってなに？……78
CHAPTER 10	拡大する高齢者の貧困……86
CHAPTER 11	病気や障がいをもつ人と貧困……94
CHAPTER 12	私たちにできること……102

計算ワークの答え……108
あとがき……109
著者紹介……110

この本の見方・使い方

【学習のねらい】
その章でとくに考えてほしいことや、学びとってほしいこと。学習を始める前に確認しましょう。

【これだけは知っておきたいキホンの「キ」】
章の概要を解説。各章のトピック・おさえておくべきポイントをチェックしましょう。

CHAPTER 01 貧困ってなんだろう？

学習のねらい
○貧困の定義や、貧困の現状を知る
○貧困削減目標について考える
○海外の貧困の状況と比較する

ひんこんってどういうこと？

これだけは知っておきたいキホンの「キ」

【データから考えてみよう】
貧困をめぐる現状を客観的な数値から考えます。また、数値データをグラフや表で見ることで、視覚的に理解します。

データから考えてみよう

図①を見てください。日本では年間に約3万人の自殺者がいます。自殺をする理由はさまざまでしょう。しかし、自殺の原因のなかには、既存の社会制度やしくみによって防げるものも少なくありません。そのひとつが経済的な理由（＝貧困）による自殺です。彼らは、「溜め」が失われ、さまざまな「排除」を受け、その結果として自殺を選んだ可能性が否定できません。

1998年以降3万人を超えていた自殺者は2009年をピークに減少に転じますが、図②を見ると、経済・生活問題を理由に自殺してしまった人はおおむね2割とまだまだ多くいます。これは本来なら解決できたかもしれない問題で自ら命を…

貧困はつらく苦しい状態にもかかわらず、私…
除し、行き場を奪っている状態を放置し続け…

図① 自殺者数年次推移

【より深く知るために】
一歩踏み込んで知りたい人のための情報です。余裕があれば、こちらもぜひ読んでみてください。

より深く知るために

貧困率の国際比較

日本は世界第3位の経済大国といわれていますが、相対的貧困率を見てみると、OECD（経済協力開発機構）諸国のなかで貧困率が6番目に高くなっています（図②）。

日本より貧困率が高いのは、アメリカ、チリ、トルコ、メキシコ、イスラエルで、反対に貧困率が低いのは、デンマークやスウェーデンといった北欧諸国などで、「高福祉」と呼ばれる国ぐにです。これらの国では、雇用や社会保障などのしくみによって、多くの国民が安定した生活を送れるように社会全体で取り組んでいます。

日本は、図①のとおり、近年、相対的貧困率が上昇し続けています。社会全体として、貧困や格差をどうやってなくしていくのか、もっと議論していく必要があります。

図② 相対的貧困率の各国比較

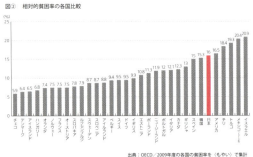

出典：OECD／2009年度の各国の貧困率を〈もやい〉で集計

【用語解説】
各章で出てきた用語や、内容に関連するキーワードについて解説しています。

用語解説

●日本の自殺者数
日本の自殺者数は年間3万人前後で推移しており、とくに男性中高年層の自殺率は世界でもトップレベルである（内閣府、2014）。

者から低所得者へ所得を移転させること。

●ジニ係数
社会における所得分配の不平等さを測る指標で、値が0に近いほど格差が少なく、1に近いほど格差が大きい…

【みんなで話そう！】

みんなでディスカッションをします。付せんや模造紙を使って、意見を書き出してみるなど、やり方を工夫してみましょう。2つの立場にわかれるときは、ばらつきが出ないように各自の意見とは関係なく機械的にふりわけてしまってもよいでしょう。また、所要時間が示してありますが、あくまでも目安ですので、議論の進行に合わせて調整してください。

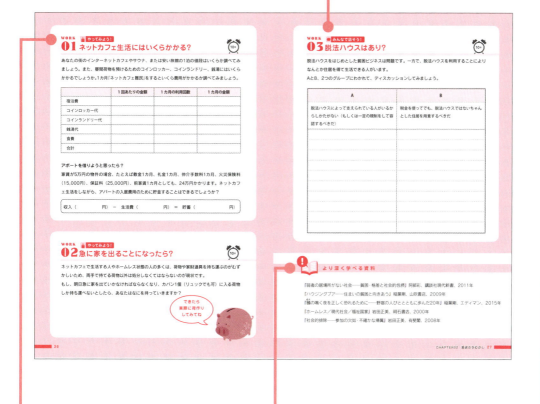

【やってみよう！】

実際に自分で手を動かしたり足を運んだりして、理解を深めましょう。グループでも、個人でもOKです。この部分を人数分コピーして配布し取り組むのもよいでしょう。

【より深く学べる資料】

さらに学びを深めたい人のために、参考になる書籍や映画などをリストアップしています。この冊子で学ぶ内容はほんの入り口です。興味をひかれた本・作品があれば、読んだり観たりして理解を深めましょう。

INTRODUCTION

貧困は遠い世界のはなし？

学習のねらい

○貧困を自分の問題として考える
○人生のさまざまな困難が貧困に
　結びついてしまう社会構造を理解する
○自分と違う他者に思いをはせる

そもそもなんでひんこんについて学ぶの？

これだけは知っておきたいキホンの「キ」

……… あなたの「溜め」は？

　あなたには自分が困ったときに相談できる人はいますか？　病気になったときに看病してくれる人はいますか？　勉強がつらいとき、仕事が苦しいときにまぶたを閉じて思い浮かぶ人がいますか？

　大学受験に失敗しても浪人できるし、両親の援助で私立の大学にいくこともできる。もし会社をクビになっても貯金があるから大丈夫。貯金がなくなっても実家に帰ればなんとかなる。このように、なにか困ったことが起きても家族の支えや金銭的な支えによって、失敗が許されたり、失敗がそのまま転落人生への始まりにはならない人も存在します。

　しかし一方で、経済的に国公立に受からないといけない大学がない。大学にいけても奨学金で借金を背負わなければならない。ギリギリの生活なので、今の会社をクビになったら貯金もなく生活できない。親はもう他界していて帰る場所もない。そんな状況に追い込まれてしまう人もいます。

　このように私たちは、金銭的な面だけでなく、家族の援助、恋人や友人の支え、精神的なゆとりや自信など、さまざまなものに無意識に守られています。この、困難が発生したときに私たちを守ってくれるものを、認定NPO法人自立生活サポートセンター・もやい（以下、〈もやい〉）の元事務局長であり社会活動家の湯浅誠は「溜め」といっています（『反貧困』岩波書店刊）。

　「溜め」の状況は人によって異なり、もって生まれたものや後天的なさまざまな要因に影響されます。万一困った状況になったときにがんばれるかどうかも、「溜め」の状況に左右されます。

……「五重の排除」と貧困

　この「溜め」が失われた状態、それこそが「貧困」の状態といえるでしょう。また「溜め」が少ないとき、弱くなってしまうときに、さまざまな要素が重なり貧困におちいってしまいます。

　現在の日本では、「教育」「雇用」「家族」「制度」からの排除が貧困の大きな要因となっており、ここから排除されると、「自分自身」の存在価値を見失い、生きていく力がなくなっていってしまいます。すると、「知識・学歴・技術」「収入」「人間関係・住まい」「健康」そして「希望（自信）」を失い、その結果、貧困状態におちいるだけでなく、貧困状態が固定化されてしまったり、そこから抜け出すことができなくなります。

　生まれた家庭の経済状況により高等教育を受けることができない。これは教育課題からの排除です。将来的には低所得から抜け出せない可能性が高まり、まっとうな生活を送る権利を奪われてしまうかもしれません。たとえ高等教育を受けられたとしても卒業後に奨学金の返済で生活が圧迫されていくかもしれません。

　一度非正規労働者になってしまうとなかなか正社員にはなれません。低賃金で貯金もできなかったり、いざというときの雇用保険に加入できなかったり、働かされすぎてうつ病になってしまったり……。これら雇用からの排除は貧困と直結します。

　家族がいて、家族が教育費を払ってくれるなら、失業しても家族が養ってくれるなら大丈夫かもしれません。もし家族が援助できないなら（＝家族からの排除）、社会の制度が支える必要があります。しかし残念ながら、制度に対する誤解や偏見、役所の間違った対応により、制度からも排除されてしまう人があとを絶ちません（CHAPTER06、07参照）。

　こうした４つの排除に直面すると、健康を害してしまったり、自信を失い意欲をくじかれてしまったり、将来への希望や人生の展望を描けなくなってしまいます（自分自身からの排除）。社会によって構造的に「排除」され続けるということには、その人の力を奪い、貧困におとしいれ、貧困状態にとどめてしまうという恐るべき力があるのです。

貧困の要因となる「五重の排除」

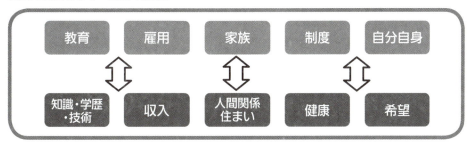

……貧困は「要因」であり「結果」

　たとえば、人は仕事を失っただけでは貧困にはおちいりません。あらゆる状況から「排除」されても、どこかに頼れるところがあれば、ギリギリやっていくことができるかもしれません。

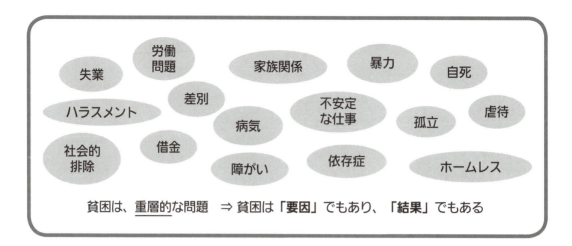

失業の背景には、過酷な労働環境や賃金・残業代の未払いなどの労働問題や、パワーハラスメントやマタニティハラスメントなどの問題があります。それらの影響で体調を崩し働けなくなり、それが貧困の要因になることもあれば、逆に貧困状態が続くことで徐々に精神的にまいってしまう場合もあるでしょう。

貧困の背景には今の日本が抱えているさまざまな問題が存在し、それらは複雑に重なり合い、互いに連鎖しています。そのことが貧困を引き起こす要因となることもあれば、貧困によって別の問題が引き起こされることもあります。つまり、現代社会に生きているかぎり、貧困はけっして自分には関係のない問題ではなく、すぐとなりにあるものなのです。

………貧困という概念

「貧困」と聞くと、金銭的に窮している「経済的な貧困」をイメージする人も多いかもしれませんが、実際には、それだけにとどまらない大きな概念です。

たとえば、もともと人間関係の「溜め」が少ない人もいれば、もともとはあったけれど、貧困におちいっていく過程で関係が一つひとつ失われていく、あるいは自ら手放してしまう人もいます。人間関係がどんどん薄くなっていけば、最終的に「つながりの貧困」におちいってしまう場合もあります。貧困の背景には、「経済的な貧困」のみならず、家族や友人・知人などの人間関係における「孤立」の問題が見え隠れします。

私たちは、この社会でたった一人で生きているわけではありません。多くの人は有形無形のさまざまなかたちで、人とのつながりによって支えられています。「貧困」とは、そういった人間関係からの孤立、つながりの希薄さや断絶とけっして無縁ではないのです。

「経済的な貧困」と「つながりの貧困」。貧困を考えるときに、この両方を抜きに考えることはできません。

データから考えてみよう

　図①を見てください。日本では年間に約3万人の自殺者がいます。自殺をする理由はさまざまでしょう。しかし、自殺の原因のなかには、既存の社会制度やしくみによって防げるものも少なくありません。そのひとつが経済的な理由（＝貧困）による自殺です。彼らは、「溜め」が失われ、さまざまな「排除」を受け、その結果として自殺を選んだ可能性が否定できません。

　1998年以降3万人を超えていた自殺者は2009年をピークに減少に転じますが、図②を見ると、経済・生活問題を理由に自殺してしまった人はおおむね2割とまだまだ多くいます。これは本来なら解決できたかもしれない問題で自ら命を絶つ人が少なくないことをあらわしています。

　貧困はつらく苦しい状態にもかかわらず、私たちの社会はそれに手を差し伸べるどころか、排除し、行き場を奪っている状態を放置し続けています。

図①　自殺者数年次推移

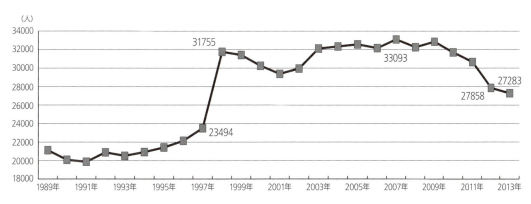

出典：内閣府「自殺統計」より作成

図②　自殺の原因・動機別年次推移

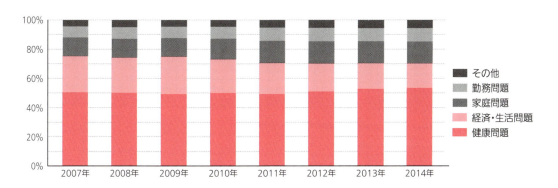

出典：内閣府「自殺統計」より作成

より深く知るために

……… 生活保護世帯の高校生の声

自立生活サポートセンター・もやいあてに、生活保護世帯の高校生からメールが届きました。彼女の切実な声に耳を傾けてみましょう。

「私の人生は普通の高校生が送ってきた人生とはかなりかけ離れていると思います。恐らく想像もつかないでしょうし、話せば同情、偏見様々な意見があるでしょう」と彼女は言い、自分の親をうらんでいると書いています。

専門学校に進学するためにアルバイトをしている彼女は、「高校は通学に1時間半かかる高校に通っていて朝は4時半に起きて弁当を作り、学校帰りにそのままバイトに行き、帰宅するのは22時頃。勉強もありますし家事をしたりで寝るのは0時か1時」という生活をおくっています。

（中略）

アルバイトについて、彼女は「高校生のバイト代が生活費として差し引かれるのはあたりまえのように思われていますが、学校に通い成績上位をキープしながらバイトをするということがどれだけ大変なことか分かって頂きたい。そしてバイトをするのは決して私腹を肥やすためではないことを」と言います。

彼女の不安は自分の将来にも及びます。高校時代の奨学金の返済は84万円になり、専門学校に進んだ場合、さらに200万円以上かかる見込みだと言います。そして、親元から離れ、経済的に自立をしたとしても、親が生活保護を利用している限り、福祉事務所から、親族としての扶養義務の履行を求められることになります。

（中略）

「子が親を養うこともあたりまえのように思われていますが、それは恨んでいる親を自分の夢を捨ててまで養えということなのでしょうか。成績は充分であるにも関わらず進学は厳しいというこの状況はおかしいのではないでしょうか」

メールの最後に彼女はこう訴えています。

「私がどうしても伝えたいことは生活保護受給家庭の子供は自分の意思で受給しているわけではないということです。生活保護への偏見を子供に向けるのはおかしいです。不正受給ばかりが目につき本当に苦しんでいる人のことが見えなくなってはいませんか。選挙権がない私には国を動かす方々を選ぶことができません。だからこそ生活保護受給家庭の子供について国を動かす方々にはもっと考えて頂きたいと思います。」

＊『生活保護から考える』（稲葉剛、岩波新書、2013年）より抜粋

WORK 01 🔺やってみよう！ 困ったときに相談できる人はいますか？

困ったときに相談できる人はどんな人ですか？　またその人にはなにをどこまで相談できますか？　たとえ学校でなにか嫌なことがあったり、友だちに自分を否定されるようなことをいわれたときも、自分への自信を失わないでいられますか？

相談できる人

どこまで相談できるか

WORK 02 🔺やってみよう！ 「溜め」がなくなってしまったら、どうなる？

あなたがどんな「溜め」をもっているのか、思いつくかぎり書き出してみましょう。その「溜め」が、もしなくなってしまったら、あなたはどうなってしまうでしょうか？　さらに、将来はどうなるでしょうか？

あなたがもっている「溜め」

「溜め」がなくなってしまったら？

将来は？

WORK 03 これって本当に自己責任？

💬 みんなで話そう！

自分ではどうしようもできない要因が重なった結果、貧困状態におちいってしまう人が多くいます。しかし、努力していないだけ、怠けている、甘えていると見える人もいるかもしれません。AとB、2つのグループにわかれて、①〜③の人たちついて、その背景の「溜め」を意識しながら議論してみましょう。

A	B
努力しない人、怠けている人は自己責任だから国や社会が支援する必要はない	たとえどんな人でもこの社会で生きている人である以上支援するべきだ

	主張の理由	相手の意見への反論	「溜め」の有無とその影響など
①仕事を1カ月周期で辞めてしまう若者			
②若いころに年金を払っていなかった高齢者			
③子どもが5人いるが、給料が少なく、生活保護を利用している夫婦			

WORK 04 自己責任ってなんだ？
💬 みんなで話そう！

たんに努力していない人、怠けている人が貧困状態におちいってしまった場合、あなたはどう思いますか？　どんな人であれ支援するべきだと思いますか？　それとも、貧困の原因が自己責任なので支援する必要はないと思いますか？　それはなぜですか？

- 支援すべき
- 支援する必要はない

理由

より深く学べる資料

『すぐそばにある「貧困」』大西連、ポプラ社、2015年

『陽のあたる家──生活保護に支えられて』さいきまこ、秋田書店、2013年

『どんとこい、貧困！』湯浅誠、イースト・プレス、2011年

『生活保護とあたし』和久井みちる、あけび書房、2012年

CHAPTER 01 貧困ってなんだろう?

学習のねらい
○貧困の定義や、貧困の現状を知る
○貧困削減目標について考える
○海外の貧困の状況と比較する

ひんこんってどういうこと?

これだけは知っておきたいキホンの「キ」

日本に「貧困」ってあるの?

「社会的に解決しないといけない大問題としての貧困はこの国にはない」。
これは、2006年6月、当時の国務大臣・竹中平蔵氏の発言です。
「貧困」と聞いて、私たちはなにを思い浮かべるでしょうか。飢餓や感染症など、私たちがイメージする「貧困」は、もしかしたらアジアやアフリカなどにおける経済的に貧しい国の「貧困」かもしれません。

みなさんは、通勤・通学の際に駅や道路でホームレスの人を見たことはありませんか? 生活に困窮して生活保護制度を利用している人は身近にいませんか? 「ごはんが食べられない」「住むところがない」「医者にかかることができない」「学校にいかせてもらえない」……。

そんな人びとが先進国である日本にも多く存在しています。それは、もしかしたら、飢餓や感染症のように「見えやすい」ものではないのかもしれません。しかし、「見えづらく」ても、確実に「貧困」は存在し、逆に「見えない」ことにより、たくさんの人が孤立しています。

絶対的貧困と相対的貧困

「貧困」について考える指標として「絶対的貧困」と「相対的貧困」という概念があります。
2014年の国連の「人間開発報告書」によれば、「絶対的貧困」は、1日1.25ドル(アメリカドル)未満で生活をしている人と定義されています。約12億人が該当するとされ、世界の8人に1人が絶対的貧困状態にあることになります。なお、1日1.25ドル〜2.5ドルで生活している人も約15億人いるとされます(2014年現在、世界総人口約72億人)。

国や地域によって物価は違いますが、1日1.25ドル(日本円で約150円)で生活するという

絶対的貧困

1日1.25ドル未満の生活　　約12億人　「人間開発報告書」2014年

1日1.25ドル未満＊　36.4％（1990年）→14.5％（2011年）（世界銀行）

＊世界銀行は2015年に貧困ラインを1.25ドルから1.9ドルに改定している。

相対的貧困

国民一人ひとりを所得順に並べ、まんなかの人の所得の半分＊に満たない人の割合

＊OECDの指標で日本もこれを採用しているが、EU諸国では「半分」ではなく「60％」に満たないものを相対的貧困としている。

相対的貧困率の算出方法

①可処分所得を計算する（所得から税金や社会保険料を引く）

②等価可処分所得を計算する（可処分所得を世帯人数の平方根で割る）

③等価可処分所得ごとに全員並べたときの中央値（1億人いたら5000万番目の人の値）を計算する

④中央値の2分の1以下の人の割合を出す

ことは、食べるものを買えない、安全な水を得られない、学校にも病院にもいくことができない、などの相当な困窮状態にあるといえるでしょう。

　一方で、「相対的貧困」とは、その国で生活している人のなかで、相対的に（他の人たちとの比較において）、貧困状態にある人がどのくらいいるか、という指標です。国民一人ひとりを所得順に並べたときの、まんなかの人の値（中央値）の半分に満たない人の割合で計算します。

　2012年の日本では、上の「相対的貧困率の算出方法」の③の中央値が244万円で（月に使えるお金が約20万円）、その半分以下、つまり122万円（月に使えるお金が約10万円）以下の人が16.1％でした。次ページの図①を見ていただくとわかるとおり、近年相対的貧困率は上昇しています。

　このように日本のような先進国にも「貧困」は存在し、日本でも6人に1人が相対的貧困状態にあるといわれています。

図① 相対的貧困率の推移

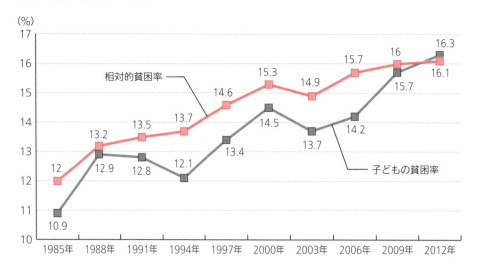

出典：厚生労働省「平成25年国民生活基礎調査の概況」より作成

……… 新たに始まる「SDGs(エスティージーズ)」という新しい国際目標

　2015年9月、国連総会においてSDGs（持続可能な開発目標）という新しい国際的な目標が採択されました。2030年までに貧困を撲滅し、持続可能な開発を実現するためにすべての国が取り組むべき行動指針を具体的に示したものです。貧困や、食料安全保障、教育、ジェンダー、公衆衛生、エネルギーや気候変動に生物多様性など、17の分野別の目標と、169項目の達成基準が定められ、国際社会全体で取り組むべきテーマを網羅しています。

　とくに、「貧困」の項目には、貧困率の半減や、すべての貧困層への支援、貧困に関する政策枠組みの構築など、非常に意欲的な目標が掲げられています。

貧困削減目標（抜粋）

●2030年までに、各国定義によるあらゆる次元の貧困状態にある、すべての年齢の男性、女性、子どもの割合を半減させる。

●各国において最低限の基準を含む適正な社会保障制度及び対策を実施し、2030年までに貧困層及び脆弱層に対し十分な保護を達成する。

●貧困撲滅のための行動への投資拡大を支援するため、国、地域及び国際レベルで、貧困層やジェンダーに配慮した開発戦略に基づいた適正な政策枠組みを構築する。

＊外務省仮訳より

　SDGsはあくまで国際目標であるため、努力目標であり法的な拘束力はありません。しかし日本がこのSDGsのもと、貧困の削減のためにどのような対策をとっていくのか、国際社会から注目されています。

より深く知るために

貧困率の国際比較

日本は世界第3位の経済大国といわれていますが、相対的貧困率を見てみると、OECD（経済協力開発機構）諸国のなかで貧困率が6番目に高くなっています（図②）。

日本より貧困率が高いのは、アメリカ、チリ、トルコ、メキシコ、イスラエルで、反対に貧困率が低いのは、デンマークやスウェーデンといった北欧諸国などで、「高福祉」と呼ばれる国ぐにです。これらの国では、雇用や社会保障などのしくみによって、多くの国民が安定した生活を送れるように社会全体で取り組んでいます。

日本は、図①のとおり、近年、相対的貧困率が上昇し続けています。社会全体として、貧困や格差をどうやってなくしていくのか、もっと議論していく必要があります。

図② 相対的貧困率の各国比較

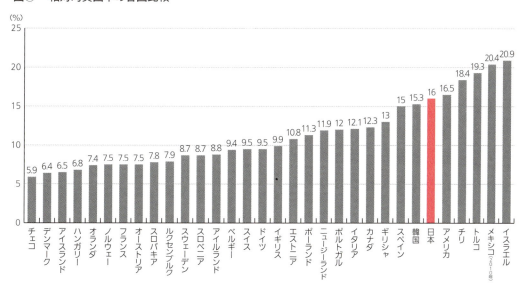

出典：OECD／2009年度の各国の貧困率を〈もやい〉で集計

用語解説

●日本の自殺者数
日本の自殺者数は年間3万人前後で推移しており、とくに男性中高年層の自殺率は世界でもトップレベルである（内閣府、2014）。

●所得再分配
社会のなかで所得（収入）を公平に配分するために、租税制度や社会保障制度、公共事業などを通じて、高所得者から低所得者へ所得を移転させること。

●ジニ係数
社会における所得分配の不平等さを測る指標で、値が0に近いほど格差が少なく、1に近いほど格差が大きい状態であることを示す。日本のジニ係数は、2011年のデータでは0.5536となっている。

WORK 01 やってみよう！ 4人家族、年収いくらだと貧困？

4人家族で500万円の家庭は貧困でしょうか？ 400万円だったらどうでしょうか？ 300万円だったら？ 15ページで説明した相対的貧困率の算出方法を参考に、等価可処分所得（②）を算定し、中央値（③）、中央値の2分の1（④）の相対的貧困ラインと比べてみましょう。

（例）年収500万円　4人家族の場合

① 500万円 × 0.8 ＝ **400万円**（仮に所得×0.8を可処分所得の算定方法とします）

② 400万円 ÷ $\sqrt{4}$ ＝ **200万円**

⇒ 244万円（中央値）＞ **200万円** ＞ 122万円（相対的貧困ライン）

中央値より低いが、「貧困」ではない。

年収400万円　4人家族の場合

① 400万円 × 0.8 ＝ ＿＿＿＿＿円（仮に所得×0.8を可処分所得の算定方法とします）

② ＿＿＿＿＿円 ÷ $\sqrt{4}$ ＝ ＿＿＿＿＿円

⇒ ＿＿＿万円 ＞ 244万円（中央値）＞ ＿＿＿＿万円 ＞ 122万円（相対的貧困ライン）＞ ＿＿＿＿万円

年収300万円　4人家族の場合

① 300万円 × 0.8 ＝ ＿＿＿＿＿円（仮に所得×0.8を可処分所得の算定方法とします）

② ＿＿＿＿＿円 ÷ $\sqrt{4}$ ＝ ＿＿＿＿＿円

⇒ ＿＿＿万円 ＞ 244万円（中央値）＞ ＿＿＿＿万円 ＞ 122万円（相対的貧困ライン）＞ ＿＿＿＿万円

＊答えは108ページ

もし年収がわかったら、空欄に実際に数字を入れて計算してみよう！

① ＿＿＿＿＿ 万円 × 0.8 ＝ ＿＿＿＿＿ 万円

② ＿＿＿＿＿ 万円 ÷ $\sqrt{}$ ＝ ＿＿＿＿＿ 万円

⇒ ＿＿＿＿万円 ＞ 244万円（中央値）＞ ＿＿＿＿万円 ＞ 122万円（相対的貧困ライン）＞ ＿＿＿＿万円

WORK 02 やってみよう！ 生活費を計算してみよう

5分

あなたの生活にはどのくらいのお金がかかっているでしょうか？　計算してみましょう。

家賃	食費	電気代	水道代	ガス代	通信費	医療費
円	円	円	円	円	円	円
消耗品費＊	交際費	教育費	被服費	交通費	税金	年金
円	円	円	円	円	円	円
健康保険料					生活費合計	
円	円	円	円	円	円	

＊消耗品……洗剤、トイレットペーパーなど。

あなたの収入がこの生活費合計金額の半分になってしまったらどうしますか？　なにを節約しますか？　考えてみましょう。

WORK 03 みんなで話そう！ 「ふつう」の生活って？

15分

現代の日本で「ふつう」の生活を送るためには、以下のものは必要ですか？　必要ではありませんか？　それはなぜですか？　グループで議論してみましょう。

	必要	不要	理　　由
スマホ			
パソコン			
ゲーム機			
エアコン			
テレビ			
化粧品（香水）／アクセサリー			
コンタクトレンズ			
花など室内の装飾品			
会社の同僚との飲み会			
年に1度の旅行			
車			
ペット			

WORK 04 💬 みんなで話そう！
あなたの生活が貧困におちいったら？

あなたの生活が相対的貧困ライン以下だったら、なにに困るでしょうか？　あるいは、なにも変わらないでしょうか？　グループで議論してみましょう。

（例）ないと・できないと、どうなるかな？
- 大学進学（とくに私立）
- 恋人や好きな人への大切な日のプレゼント
- 友人の結婚式のご祝儀
- 地方で行なわれる冠婚葬祭に出席する際の交通費
- 卒業旅行
- 部活で必要な用具の購入
- 友人からの遊びの誘い
- 同窓会への出席
- 家電の修理・買い替え費用　など

 より深く学べる資料

『現代の貧困——ワーキングプア／ホームレス／生活保護』岩田正美、ちくま新書、2007年

『貧困襲来——〈貧困〉は自己責任じゃない！』湯浅誠、山吹書店、2009年

『反貧困——「すべり台社会」からの脱出』湯浅誠、岩波新書、2008年

CHAPTER 02

貧困の今むかし

学習のねらい

○「ホームレス」問題、生活困窮者支援の歴史を学ぶ
○社会状況の変化と貧困の移り変わりを考える
○生活困窮にいたる経緯や背景を理解する

今は、むかしより
ゆたかになったの？

これだけは知っておきたいキホンの「キ」

……日雇い労働者から「ホームレス」排除まで（高度経済成長期〜1990年代）

みなさんは、「寄せ場」という言葉を聞いたことがありますか？

高度経済成長期だった1960年代以降、「手配師」と呼ばれる人たちが求職者たちを集め、日雇いの仕事をあっせんするということが日常的に行なわれていました（現在も一部で行なわれています）。寄せ場とは、手配師と日雇い労働者が集まる場のことです。

違法・不当な労働環境で社会保険や労災にも入れないことも多かったのですが、地方出身だったり学歴が低く安定した仕事につけない、頼れる身寄りもいないなどの理由で、そのような労働に日々の糧を求めざるを得ない人も少なくありませんでした。

早朝に手配師と求職者のマッチング（その日の仕事の契約）が行なわれるため、仕事を求める人びとは寄せ場周辺の「ドヤ」と呼ばれる簡易な宿に泊まり込み、毎朝寄せ場に足を運びました。東京は台東区と荒川区の両区にまたがる山谷地域、大阪は西成区の釜ヶ崎、横浜は中区の寿町、名古屋は中村区の笹島などが有名です。

高度経済成長期における日本の建設ラッシュでは、この日雇い労働者たちが現場の担い手として活躍しました。しかしバブル経済が崩壊した1990年代以降、日本経済は景気が悪化し、建設ラッシュの終焉を受けて、多くの日雇い労働者が仕事を失いました。仕事がなくなり、貯えも生活の保障もない。家族もいなければ、ドヤに泊まるお金もない。そうした人びとが駅や公園、河川敷などにテントをはったり小屋を建て「ホームレス」として住むようになりました。

当初、国や自治体は彼らを強制的に排除しました。新宿では1992年ころから、仕事がなくな

った日雇い労働者たちが地下通路にダンボールハウスを作って住み始めましたが、東京都が94年と97年にこのダンボール村を強制排除したため、それに対抗する当事者や支援者の運動が盛んになっていきました。

その後、98年にダンボール村で火災が起こり、50軒以上のダンボールハウスが燃え落ち、住民4人が焼死する惨事が起こりました。彼らは日本の

写真：新宿西口地下広場　1994年　©吉田敬三

高度経済成長を支えてきたにもかかわらず、いったん仕事がなくなると、ダンボール村のような危険で劣悪な居住環境に身をおかざるを得ない状況にあることがこの惨事により浮き彫りになりました。

「ホームレス」の存在が社会問題化し、2000年、東京都は日本で初めて「ホームレス」の自立支援センターを設立しました。2002年には「ホームレスの自立の支援等に関する特別措置法」が国会で成立し、「ホームレス」問題の解決が国家の責任であることが明記されました。

「ワーキングプア」「ネットカフェ難民」（2000年以降）

2004年に労働者派遣法の改正が行なわれ、日本の雇用環境は大きな変化をむかえました。これまでは通訳やIT関連などの専門職種しか認められなかった派遣労働が、製造業においても可能になり、自動車メーカーや電機メーカーなどの工場では、期間を定めた派遣労働者を雇うということが常態化してきました。

さらに役所や図書館などでも、これまで正規職員が担っていた仕事を派遣労働者や契約社員に担わせることも増加しました。公的機関においても不安定な働き方・働かせ方が一般化し、働いてはいるものの低所得である「ワーキングプア」と呼ばれる貧困層の人びとの存在が顕在化しました。

そして、かつて寄せ場でマッチングしていた日雇い労働のしくみは、インターネットや携帯電話を使った職探しに取って代わり、日雇い派遣、登録型派遣などといった形式で、一部合法化されていきました。寄せ場に行く必要がなくなったためドヤ街は衰退し、代わりに、繁華街の24時間営業のネットカフェやサウナ、ファストフード店などで寝泊まりしながら日々の糧を得る「ネットカフェ難民」と呼ばれる人たちが増加していきました。

2008年秋、リーマンショック（世界的な金融恐慌と景気の悪化）による影響で、派遣労働者が大量に雇い止めにあう事態が起こりました。労働組合やNPO団体が年末年始に東京・千代田区の日比谷公園に「年越し派遣村」を開設し、約500人の失業者を支援しました。派遣村では、シェルターの設営、炊き出しや生活・職業相談などが行なわれ、集まった失業者の4～5割が生

活保護を申請しました。

　派遣労働者の雇用の不安定さや、契約が切れると同時に住まいまで失ってしまうといった問題は、「年越し派遣村」の活動などをつうじて社会に認識されるようになりました。雇用・家族・住まいのあり方が、時代とともに変容するなかで、とりわけ若者に「新しい貧困層」が拡大していると考えられています。

脱法ハウスという新しい住まいの貧困（2010年以降）

　2013年、都市部を中心に生活困窮者たちに悪質な住環境を提供する「脱法ハウス」の存在が明らかになりました。「脱法ハウス」とは、公にはレンタルオフィスや貸倉庫として届けられているものの、実際には図のようにフロアが2～3畳の小さなスペースに区切られ、月単位で貸し出されているシェアハウスのことです。ネットカフェやサウナなどで寝泊まりしている人や、アパートを借りる際に必要な連帯保証人の引き受け手を見つけられない人、アパートを借りるだけの資金や収入がない生活困窮者の住居スペースの受け皿として広がりました。

　このような貧困層をターゲットにした「貧困ビジネス」は、さまざまな形態で拡大しています。たとえば、首都圏でホームレス状態の人が生活保護制度を利用すると、その大半は、役所から当面の居場所として20人部屋などの劣悪な環境の施設に入ることを強要される場合があります。その劣悪な施設の多くが貧困ビジネス業者によって経営され、生活保護費が搾取されているのが現状です。適切な住居を提供する公的な枠組みが不十分なことが、貧困ビジネスの拡大を許してしまっているといえます。

図　脱法ハウスの間取り

　多様化する雇用・住まいに連動して、多様化し、拡大する貧困。古くは手配師から、最近では脱法ハウスまで、悪質な貧困ビジネスがかたちを変えて貧困層から搾取をしています。

法律から考えてみよう

　2000年代以降、貧困問題や「ホームレス」問題だけでなく、社会のさまざまな課題が可視化され、法整備がなされてきました（次ページ表①）。

　2000年代は、これまで「自己責任」と呼ばれてきた諸問題が社会問題として認識され、国の責任で対策をとることが明文化されてきた時代です。しかし、これらの多くの課題は、解決するどころか、むしろその深刻さを増しているように思えます。

表① 社会保障にかんする法整備の流れ

2000 年	介護保険制度 スタート
2000 年	児童虐待の防止等に関する法律（CHAPTER09 参照）
2001 年	配偶者からの暴力の防止及び被害者の保護等に関する法律（CHAPTER08 参照）
2002 年	ホームレスの自立の支援等に関する特別措置法（CHAPTER04 参照）
2004 年	東京都「ホームレス地域生活移行支援事業」（2009 年まで）
2006 年	自殺対策基本法、障害者自立支援法
2009 年	第二のセーフティネット スタート
2012 年	社会保障制度改革推進法
2013 年	子どもの貧困対策の推進に関する法律、生活保護法改正および基準引き下げ、生活困窮者自立支援法

より深く知るために

生活困窮者自立支援法

　2013年12月に生活困窮者自立支援法が成立しました。この法律は、生活保護にいたる手前で生活困窮者を支援することを目的に作られた法律です。2015年4月より全国でいっせいに生活困窮者を対象とした新しい窓口が開設されました。

　この新しい支援制度は、当初は「生活支援戦略」と呼ばれ、生活困窮者の「就労支援」と「社会的な孤立」という2つの側面から総合的に地域で支援するしくみを整えていくという構想でした。しかし実際には、議論の途中で「社会的な孤立」の要素が目に見えて減少し、就労支援に特化した制度になってしまいました。生活困窮者を支援するという枠組みを国の責任で整えていくこと自体は評価できますが、生活困窮者の状況は非常に複雑で、さまざまな課題をもつ彼らを「就労支援」のみで支援していくことはむずかしいといわざるを得ません。

　また、この新しい支援制度の各事業は、全自治体で必須のものと、各自治体で任意で行なうものとにわかれているうえ、事業ごとに地方自治体の財政負担がともなうという事情もあり、その事業をやるかやらないかなどで地方間格差が出たり、自治体によっては必要なメニューが整わないなどの事態が想定されます。

　あなたの住んでいる自治体ではどの事業を準備し、整えているのか。どのような方針で生活困窮者を支援していくつもりなのか。自分が困ったときにその支援で十分なのか。自治体のホームページなどを確認し、考えてみましょう。

用語解説

●日雇い労働
1日単位または30日以内の有期契約で雇用される労働形態。日によってニーズが変わる建設・港湾・運輸などにおける不熟練労働で、比較的危険な仕事であることが多い。

●ハウジングプア（住まいの貧困）
貧困ゆえにきちんとした住まいが得られない状態のこと。路上、ネットカフェ、友人宅、脱法ハウス、派遣契約終了と同時に追い出される寮などに住まざるを得ない状態。

●手配師
求職者を集め、手数料をとって仕事をあっせんする者。非合法である場合が多い。

●自立支援センター
働く意欲のあるホームレス状態の人が一定期間（2カ月〜半年程度）入所でき、宿泊場所と食事が提供される。入所期間中に就労して自立することが求められる。

●日雇い派遣・登録型派遣
日雇い派遣とは、人材派遣会社などの派遣元と労働者が結ぶ労働契約が30日以内である派遣形態。登録型派遣とは、労働者があらかじめ派遣会社に登録しておき、派遣先に派遣されている期間中のみ雇用され、賃金もその期間中のみ支払われる。

●ホームレス地域生活移行支援事業
都が民間アパートを借り上げて、ホームレス状態の人たちに原則2年間月3,000円で提供するという事業。約2,000人が利用した。

●アパート入居の費用
東京で一人暮らしをする場合、敷金・礼金・仲介手数料・火災保険料・保証料・前家賃などで、少なくとも30万円近くかかる。

●貧困ビジネス
貧困におちいった人の弱みにつけこみ利益をあげる悪質なビジネスのこと。住まいを提供する代わりに、生活保護費を受給させ、食費や光熱費として保護費の大半を天引きしてしまう無料低額宿泊所や、住み込み派遣、ゼロゼロ物件、消費者金融などがある。

●第二のセーフティネット
失業した人、住まいを失った人などに、求職中の生活費や住宅費、職業訓練などを、貸付や給付で支援する制度。

WORK 01 ネットカフェ生活にはいくらかかる？

やってみよう！

あなたの街のインターネットカフェやサウナ、または安い旅館の1泊の値段はいくらか調べてみましょう。また、昼間荷物を預けるためのコインロッカー、コインランドリー、銭湯にはいくらかかるでしょうか。1カ月「ネットカフェ難民」をするといくら費用がかかるか調べてみましょう。

	1回あたりの金額	1カ月の利用回数	1カ月の金額
宿泊費			
コインロッカー代			
コインランドリー代			
銭湯代			
食費			
合計			

アパートを借りようと思ったら？

家賃が5万円の物件の場合、たとえば敷金1カ月、礼金1カ月、仲介手数料1カ月、火災保険料（15,000円）、保証料（25,000円）、前家賃1カ月としても、24万円かかります。ネットカフェ生活をしながら、アパートの入居費用のために貯金することはできるでしょうか？

収入（　　　　　円）－ 生活費（　　　　　円）＝ 貯蓄（　　　　　円）

WORK 02 急に家を出ることになったら？

やってみよう！

ネットカフェで生活する人やホームレス状態の人の多くは、荷物や家財道具を持ち運ぶのがむずかしいため、両手で持てる荷物以外は処分しなくてはならないのが現状です。
もし、明日急に家を出ていかなければならなくなり、カバン1個（リュックでも可）に入る荷物しか持ち運べないとしたら、あなたはなにを持っていきますか？

できたら実際に荷作りしてみてね

WORK 03 脱法ハウスはあり？

みんなで話そう！

脱法ハウスをはじめとした貧困ビジネスは問題です。一方で、脱法ハウスを利用することによりなんとか住居を得て生活できる人がいます。

AとB、2つのグループにわかれて、ディスカッションしてみましょう。

A	B
脱法ハウスによって支えられている人がいるからしかたがない（もしくは一定の規制をして容認するべきだ）	税金を使ってでも、脱法ハウスではないちゃんとした住居を用意するべきだ

より深く学べる資料

『弱者の居場所がない社会──貧困・格差と社会的包摂』阿部彩、講談社現代新書、2011年

『ハウジングプア──住まいの貧困と向きあう』稲葉剛、山吹書店、2009年

『鵺(ぬえ)の鳴く夜を正しく恐れるために──野宿の人びととともに歩んだ20年』稲葉剛、エディマン、2015年

『ホームレス／現代社会／福祉国家』岩田正美、明石書店、2000年

『社会的排除──参加の欠如・不確かな帰属』岩田正美、有斐閣、2008年

CHAPTER 03 がんばって働けばなんとかなる?

学習のねらい
○雇用の現状と課題を知る
○労働法を知る
○雇用が抱える諸問題について理解する

これだけは知っておきたいキホンの「キ」

働き方の「変化」とその実態

　現在、日本では非正規労働者が急増しています。
　下の図①を見てください。総務省労働力調査によれば、1984年には15.3%だった非正規労働者ですが、2013年には36.7%と倍増しており、働く人の3人に1人以上が非正規労働という不安定な働き方をしているということになります。
　この数値には、主婦のパート労働や、学生のアルバイトなどによる「家計補助」のための働き方も含まれますが、一家の大黒柱による「家計維持」のための働き方としても、非正規労働が一般化している傾向があります。

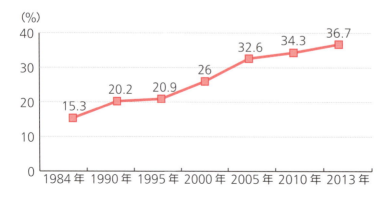

図① 非正規労働者の割合

出典:総務省労働力調査

……非正規労働の問題点って?

　非正規労働者とは正社員ではない人たち全般をあらわします。すなわち、契約社員・派遣社員・アルバイト・パートなど、期間の定めがあったり、臨時的な仕事だったりする雇用形態で働く人たちのことです。雇う側からすれば需要や収益の状況に合わせて調整できるという利点があり、バブル崩壊以降、日本社会でも一般的な雇用形態として定着しました。

　しかし、非正規労働には正規労働と比べて、以下のような問題があります。

・雇用が不安定（期間の定めがある）
・給料が安い（就労時間が短い・時給が安い・昇給がない・賞与がないなど）
・福利厚生がうすい（社会保険に入れないなど）

　また、一度、非正規雇用として雇われてしまうと、正規雇用になることがむずかしい実態があり、雇用の不安定化と低所得化が固定化されやすくなってしまうという問題もあります。

　実際に非正規労働者の増加の影響もあり、近年、低所得者が増加しています。2012年の国税庁民間給与所得によれば、年収200万円以下の人は1,015万人と東京都の人口とほぼ変わらない数です。これは働く人の23.4%、ほぼ4人に1人にあたります。2002年は18.4%でしたので、10年間で5ポイントの上昇、数にすると200万人程度の人が年収200万円以下の状態に転落したといえます。

　非正規労働者と正社員・正職員の賃金格差は著しく、2013年の国税庁民間給与調査によれば、労働者全体の平均給与所得が414万円であるのに対して、正社員・正規職員の平均給与所得は473万円、非正規労働者の平均給与所得は168万円となりました。非正規労働者のなかには主婦のパート労働や学生のアルバイト等も含まれていますが、それを加味しても非常に大きな賃金格差といわざるを得ません。

　実際に、東京で最低賃金（時給932円）で1日8時間、週5日のフルタイムで働いたときの月収は、以下のとおりです。

> 932円（2016年10月現在）×160時間＝14万9120円

　年収は約179万円で、そこから、税金や社会保険料が引かれるため、かなり低所得になります。

……若者に広がる非正規労働

　こういった不安定な働き方は若者にもっとも大きな影響を与えています。2010年厚労省の労働力調査によれば、15〜24歳の非正規労働率は46.3%にのぼります。25〜34歳の非正規労働者は、1990年に106万人だったのが、2014年には300万人と拡大しています。そのうち、不本意な非正規労働の割合は28.4%（全体は18.1%）で、本来であれば正社員・正職員で働きたいにもかかわらず非正規労働につかざるを得ない若者が多くいることも明らかになっています。

図② 「非正規の職員・従業員として初職に就いた者」の割合

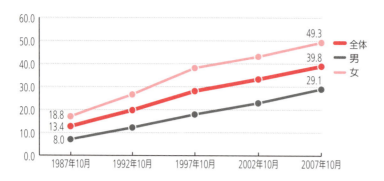

出典：2012年総務省就業構造基本調査

　また、2012年総務省の就業構造基本調査によれば、初めてついた仕事が非正規労働だった割合は20年前と比べて3倍以上の約4割にのぼり、今の若者のおかれている状況が端的にあらわれています（図②）。

……… ブラック企業が蔓延？

　近年、「ブラック企業」と呼ばれる、過酷な労働環境や労働条件を課して、労働者を不当に搾取するような企業が増加しています。せっかく正社員になっても、体調を崩してしまうこともあれば、なかには過労自殺に追い込まれてしまう人も出るなど、社会問題化しています。

　病気を理由に休職した人が利用する「傷病手当金」という制度の利用状況のデータを見ると、「精神及び行動の障害」を理由に制度を利用した人が、1995年には4.45％だったものが、2013年には25.67％と5倍以上に増加しています（図③）。この背景には、うつ病や不眠症などの精神疾患が社会的に認知されるようになってきたことに加え、働き方や働かせ方が過酷になってきている状況があります。

　精神疾患がもとで休職した場合、その後退職にいたる割合が他の疾病に比べてもっとも高くな

図③　傷病手当金の受給の原因――傷病別件数の構成割合

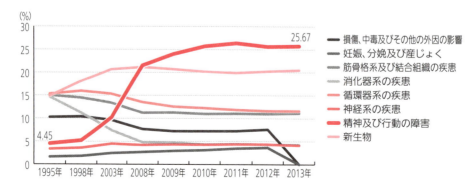

出典：全国健康保険協会「平成25年度傷病手当金データ」より

っていることが報告されています。過酷な労働により、正規・非正規を問わず、心身の健康を破壊されるまで多くの労働者が使いつぶされているという現状が見えてきます。

一度、健康状態を悪くしてしまうと、失業のリスクや、再就職しても不安定な雇用形態でしか働けないなど、その人の生活、ひいては人生に大きな負の影響を与える可能性があります。

雇用のあり方、働く人の権利や保障について考えていかないと、安易に「かんばって働けばなんとかなる」とはいえない社会が固定化されてしまうでしょう。

より深く知るために

……一生ハケンがあたりまえになると社会保障が大変

もし、一生ハケン（派遣社員）で働くことがあたりまえになったら、いったい社会にどのような影響があるのでしょうか。

図④の「雇用形態別賃金カーブ」を見ると、正社員・正職員は年齢とともに給料が上昇していくにもかかわらず、正社員・正職員でない人たちはなん年働いても給料は上がらず、また、総じて正社員よりも低い金額となっています。ハケンのままだと、なん年働いても給料が上がらない。ギリギリの生活で貯金もできない。年金も、仮に生涯国民年金のみだった場合、満額でも（滞納がなくても）月に約65,000円しか支給されません（日本年金機構HPより）。核家族や1人暮らしで養ってくれる家族もいないとなると、足りない分は生活保護を利用するしかありません。

若年層に、ハケンをはじめとした非正規労働が拡大している状況は、今はまだ大きな問題としておもてに出ていなくても、彼らが65歳以上になる30〜40年後には、生活保護が急増するなど社会保障費の爆発的な増大というかたちで、日本社会に大きなインパクトを与える恐れがあります。

図④　雇用形態別賃金カーブ（月給ベース）

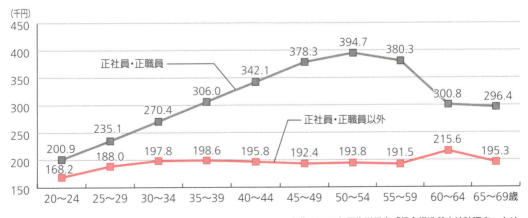

出典：2013年厚生労働省「賃金構造基本統計調査」より

用語解説

●契約社員
企業などと有期の雇用契約を結んで働く、フルタイムの社員のこと。正社員との大きな違いは「雇用期間に定めがある」ということ。

●派遣社員
人材派遣会社に登録後、人材派遣会社からの仕事の紹介を受けて、企業に派遣されて働く労働者のこと。就業先企業ではなく、人材派遣会社と雇用契約を結び、給与も人材派遣会社から支払われる。人材派遣会社との雇用契約は、就業先企業で働いている期間のみ成立する。企業にとっては、正社員を雇うよりも人件費を減らせるというメリットがある。2008年秋以降の不況時には、製造業を中心に派遣社員の途中解雇や雇い止めが続出し、大きな社会問題となった。

●アルバイト・パート
制度上は、どちらもパートタイム労働法によって「1週間の所定労働時間が同じ事業所の通常の労働者（正社員）よりも短い者」と定められている。

●ブラックバイト
アルバイトの学生に対し、学業に支障をきたすほど長時間働かせる、試験期間も休ませない、厳しいノルマを課す、不当な罰金を科す、残業代を払わない、休憩時間を与えないなど、法律に反する扱いをしているアルバイトのこと。ブラックバイトが増加している背景には、人件費削減のため、正社員が行なう業務をアルバイトに肩代わりさせている状況がある。学生側にも実家の経済状況の悪化や学費の高騰など、アルバイトを容易に辞められない事情がある。

●傷病手当金
病気やけがにより仕事ができない場合に、療養中の生活保障として現金を支給する制度で、健康保険法等にもとづく制度である。なお、業務または通勤を原因とする病気やけがについては労働者災害補償保険（労災保険）の傷病手当が適用となる。

●労働三権
団結権、団体交渉権、団体行動権（争議権）の3つを指す。団結権は、労働者が労働組合を作る権利。団体交渉権は、労働条件の改善などについて使用者と交渉する権利。団体行動権は、ストライキなどを行なう権利である。

●労働三法
労働三権を保障するため、労働基準法、労働組合法、労働関係調整法の労働三法が制定されている。労働基本権は、憲法上、社会権あるいは生存権的基本権とされる。

WORK 01 やってみよう! 私たちがもってる働く権利って?

私たちはどんな働く権利をもっているのか、書き出してみましょう。

WORK 02 やってみよう! 働いていて困ったときにはどうしたらいい?

あなたがもし、違法な働き方や不当な労働条件を課されてしまったら、どうしたらいいでしょうか。どこに相談したらいい? だれに連絡したらいい? 近くの相談機関の連絡先を調べてみましょう。

	場所	連絡先	なにをしてくれるところ?
労働基準監督署			
労働組合			
法律家			
NPO	団体名		
NPO	団体名		

WORK 03 やってみよう！ 最低賃金で働くと？

あなたの住んでいる自治体の最低賃金はいくらでしょうか。インターネットで調べたり、役所に問い合わせたりしてみましょう。また、その最低賃金でフルタイムで働くと月収はいくらになるでしょうか。CHAPTER01で計算したあなたの生活費とも比較してみましょう。

> 最低賃金 _____ 円 × 8時間 × 5日 × 4週間 ＝ 月収 _____ 円

WORK 04 やってみよう！ 求人票を見てみよう

実際に近くのハローワーク（あるいは求人サイト）にいって求人票を見てみたり、インターネットで検索したりしてみましょう。雇用条件、給与、福利厚生など、調べてみましょう。

職種	加入保険（雇用保険、労災保険、厚生年金など）
仕事内容	就業時間
雇用形態（正社員、契約社員、嘱託社員など）	残業の有無
雇用期間	休日
必要な経験・資格等	育児休業の有無
賃金	介護休業の有無
通勤手当	試用期間の有無
昇給・賞与の有無	その他

WORK 05 💬みんなで話そう！ 知り合いがブラック企業で働いていたら？

知り合いがブラック企業で働いていたら、あなたはどうしますか？　自己責任だからしかたない？
また、どうやったらブラック企業をなくせるでしょうか？　グループで議論してみましょう。

知り合いがブラック企業で働いていたら

$\qquad$

どうやったらブラック企業をなくせるか

いざというときに
困らないためにも、
法律やトラブルへの対処法を
知っておこう
参考サイト：http://bktp.org/

 より深く学べる資料

『雇用融解――これが新しい「日本型雇用」なのか』風間直樹、東洋経済新報社、2007年
『ブラック企業――日本を食いつぶす妖怪』今野晴貴、文春新書、2012年
『ルポ　雇用劣化不況』竹信三恵子、岩波新書、2009年
「TVドラマ　相棒　シーズン9　第8話ボーダーライン」テレビ朝日、2010年

CHAPTER 04 どうして「ホームレス」になるの?

> **学習のねらい**
> ○「ホームレス」問題の現状を知る
> ○ホームレス状態にいたる背景を知る
> ○「ホームレス」に対する差別・偏見について考える

「ホームレス」ってこわい人たち?

これだけは知っておきたいキホンの「キ」

「ホームレス」ってどんな人?

みなさんは、ホームレスの人を見かけたことはありますか?

もしかしたら、通勤や通学の際に、駅や公園、あるいは河川敷などで、ホームレスの人を目にする機会があったかもしれません。ホームレスの人を見てどのように感じましたか?

「困っているのかな」「ごはんをちゃんと食べられているのかな」「なにか自分にできることがあるかな」と思う人もいれば、「怖いな」「汚いな」「なにをされるかわからないな」「どこかにいなくなってしまえばいいのに」などと感じる人もいると思います。

しかし、あたりまえですが、あなたが目にしたホームレスの人にも、名前があり、家族がいたことがあり、住んでいた町があり、愛する人がいたことでしょう。彼らはいったいどうして「ホームレス」になったのか、その背景にはどのような問題があるのか考えてみましょう。

「ホームレス」の定義と人数

「ホームレス」は、正確には家がない状態を指す言葉ですが、「路上生活者」「野宿者」と同様に定まった住居をもたない人たちを呼ぶ名称として使われる場合もあります。

2002年に成立した「ホームレスの自立の支援等に関する特別措置法（以下「ホームレス自立支援法」）」によれば、「ホームレス」とは、「都市公園、河川、道路、駅舎その他の施設を故なく起居の場とし、日常生活を営んでいる者」（法第2条）と定義されています。

そしてこの定義にもとづき、昼間に調査員が目視でホームレスと思われる人をカウントするという方法で「ホームレス概数調査」が行なわれました（厚生労働省）。全国で最初に調査が行なわれた2003年は、「ホームレス」の数は25,296人でしたが、2016年には6,235人と減少傾

図① ホームレス概数調査　年次推移

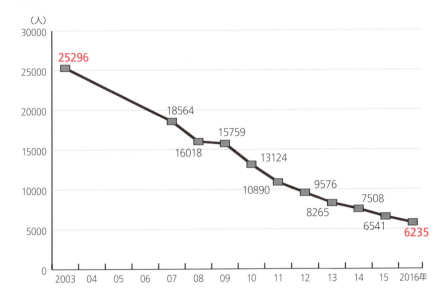

＊「ホームレス概数調査」が初めて行なわれたのが2003年。2度目は2007年で、それ以降毎年行なわれている。

向にあります（図①）。

……「ホームレス」は本当に減っているの？

　「ホームレス」が減少している背景には、生活保護制度をはじめとした支援が行き届きはじめていることや、各地の支援団体の活動の広がりがあります。しかし近年、2002年に定められた「ホームレス」の定義にはあてはまらない新しい「ホームレス」の存在が明らかになってきました。

　ネットカフェやサウナなどに寝泊まりしている人や、友人宅を転々としている人、ファストフード店で夜を明かす人など、一時的な寝場所と路上を行き来している人たちの存在です。とくに2007年、ＮＮＮのドキュメント番組で、そのような人たちの現状が「ネットカフェ難民」と題して放送されて大きな反響を呼び、国が定義する「ホームレス」は「ホームレス状態」の一部でしかないことを広く知らしめることになりました。

　たとえば、次ページの表①は住まいの状況に応じて生活困窮層を区分けしたものですが、国の定義の「ホームレス」には、A群のみが該当します。B〜Dは、実態は「ホームレス状態」であっても統計的にはなかなか捕捉されない新しい「ホームレス状態」の人といえるでしょう。C〜Fの人は、その人が「ホームレス状態」にあるかどうか傍目にはわからず、自分自身でも「ホームレス状態」だと思っていない場合もあるかもしれません。

　「ホームレス状態」といっても、一人ひとりの状況は違い、一概に定義できるものではありません。国が定義している「ホームレス」の減少とはうらはらに、「ホームレス状態」の人はむしろ増加し、より見えづらいかたちで日本社会に確かに存在しています。

表① 生活困窮層（住まいの状況による区分け）

A	定住型「ホームレス」	屋外にテントや小屋を建てて路上生活
B	移動型「ホームレス」	段ボールを持って移動しながら路上生活
C	たまに「ホームレス」	お金があるときはネットカフェ等、ないときは路上生活
D	ネットカフェ難民	ネットカフェやファストフード店などで生活
E	不安定住居層	脱法ハウスや安宿などの宿泊施設等で生活
F	住居喪失予備軍	住み込みや実家暮らし（ニート・ひきこもり）等

ハウジングファーストという新しい支援の可能性

　近年、ヨーロッパや北米などで実践されている「ハウジングファースト」と呼ばれる「ホームレス」支援の方法が注目されています。ハウジングファーストとは、すべての人にまず独立した住居（多くの場合はアパート）を提供するという考え方です。

　従来の支援は、シェルター等の宿泊場所（多くは複数人部屋）を提供し、医療的な支援や生活支援、就労支援を通じて、地域で自立した生活を営めることを目指した施策が一般的でした。日本でも、生活保護制度を利用しながら一定期間シェルターなどで生活したのちに、地域のアパート生活に移行していくホームレスの人は多くいます。日本の支援においては「就労自立」を「自立」ととらえ、早く仕事を見つけることを重視した支援にかたよりがちでした。しかし、たとえ就労がかなったとしても、不安定な住み込みの仕事で定住ができなければ、契約期間満了などの理由で失職と同時にすぐさま路上生活にいたり、支援はふりだしに戻ってしまいます。

　また、これまでシェルター等の居住環境についてはあまりていねいに考えられてきませんでした。せっかくシェルターに入所しても、とくに病気や障がいなどによる困難を抱えた人は、複数人部屋の環境になじめず不眠におちいったり、同室の人にいじめられたり、規則づくめの生活や不衛生な環境に耐えられなくなったりといった、施設の居住環境に起因したさまざまな問題によりホームレス生活に戻ってしまうことも少なくありませんでした。

　無条件にすぐさまアパートに居住できるハウジングファーストは、なんの支援も受けずに生活している人からすると、一見、恩恵的な支援に映るかもしれません。しかし、安心できる住環境の提供は、ホームレスの人の権利という視点のみならず、公衆衛生の観点や医療費の減少などの点からもその効果を裏づける検証が進んでいます。

データから考えてみよう

　2013〜2014年の年末年始と、2014〜2015年の年末年始に、都内のホームレス支援団体や生活困窮者支援団体等が協力して「ふとんで年越しプロジェクト」という活動を行ない、役所が閉まる年末年始の期間に路上生活を余儀なくされた人、路上生活中に体調を悪くしてしまった人などをシェルターなどで保護し、医療福祉的な相談支援も実施しました。

　シェルターの利用者約50名の平均年齢は46.8歳と比較的若く、国が定義している「ホームレス」の平均年齢である59.3歳（平成24年度ホームレスの実態に関する全国調査）は、実態を反映していないことを示唆する結果となりました。また、相談者の概況としては、以下の3つに大きくわけることができました。

・長期路上層
・路上と支援を行き来している層
・不安定就労＆不安定住居層

　「長期路上層」には、病気や障がい、とくに軽度の知的障がいや精神障がいを抱えていて、コミュニケーションがむずかしい人、行政機関への不信感が強い人など、支援につながりづらい人たちが多く含まれていました。

　「路上と支援を行き来している層」には、アルコールやギャンブルなどの依存症、精神疾患等の病気や障がいがあり、支援につながってもうまくいかない人や、個室のシェルターがない、金銭管理等を適切に行なうための支援がないなど、行政機関の用意する支援が不十分であることによって制度につながれずにいる人が多いことがわかりました。

　「不安定就労＆不安定住居層」は比較的若い人たちで、就労は可能でも、見えづらい病気（難病、発達障がいなど）があるため安定した仕事につけなかったり、ネットカフェや脱法ハウスなど不安定な住居で生活している人たちでした。

より深く知るために

……暴力にさらされる「ホームレス」

　これまでもホームレスの人が路上で暴力を受け大けがをさせられたり、場合によっては命を奪われたりする事件が起きています。暴力（襲撃）の実態を明らかにするために、2014年8月14日、都内の「ホームレス」支援団体が協力し合い、「野宿者への襲撃の実態に関する調査」を公表しました（次ページ図②）。347名のホームレスの人へのアンケートを行ない、調査結果では、以下のことが明らかになりました。

図② 襲撃者×内容

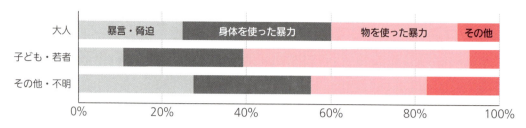

- 40％の人が襲撃を受けた経験あり
- 襲撃は夏季に多く、襲撃者（加害者）の38％は子ども・若者
- 襲撃者は75％が複数人で襲撃に及んでいる
- 襲撃の内容は、殴る、蹴るなどの「身体を使った暴力」やペットボトルやたばこ、花火などの「物を使った暴力」が62％を占めている
- 子ども・若者の襲撃は「物を使った暴力」が53.6％にのぼる

　安全で安心できる住まいや居場所を失っている状況の人たちが暴力を受け、しかも、加害者に子どもや若者が多く、夏休みにグループで物を使った暴力をふるっているという事実は衝撃的です。しかし一方で、支援団体の働きかけにより、学校で「ホームレス」について理解するための授業を行なったところ、その自治体では襲撃が1年で10分の1に減ったという結果が出ており、「知る」ことの重要性が示されました。

 用 語 解 説

●ホームレスという呼び方
路上で生活している人を指して「ホームレス」と呼ぶことがあるが、本来「ホームレス」はホームがない状態を指す形容詞であるため、正確には「ホームレス状態にある人」である。本書でホームレスに「　」を付けているのは、そのような背景を含意するものである。
他に、「路上生活者」「野宿者」などと呼ぶ場合もある。

●ネットカフェ難民
2007年にテレビのドキュメンタリー番組で使用されたのをきっかけに広まった言葉。住居がなく、インターネットカフェに寝泊まりする人のことを指す。
低収入の人が住居を失うと、敷金・礼金などを貯められず、アパートに入るのがむずかしいという実態がある。

●派遣切り
2008年の金融危機を発端に、製造業で大規模な派遣契約の打ち切りと、派遣業者による解雇や雇い止めが発生した。これを機に「派遣切り」という言葉が広まった。「派遣社員」についてはCHAPTER03を参照。

●脱法ハウス
CHAPTER02参照。

●シェルター
緊急一時避難所のこと。複数人部屋のところが多いが、精神障がいや発達障がいをもつ人のなかには、音に敏感だったり、コミュニケーションが苦手であるために、同室に他人がいることが耐えがたい苦痛となる場合がある。

●依存症
特定の物質や行為に夢中になり、それがないといらだちや不安が募ったり、手の震えや発汗などの身体症状が出たりする状態。自分自身の努力による克服は困難なので、医療機関での治療や、自助グループへの参加が必要。アルコール、タバコ、ギャンブル、薬物、インターネット、買い物、人間関係の依存などがある。

●都市雑業
おもに貧困層が従事する、都市のなかのインフォーマルで雑多な仕事。空き缶集めや古紙回収など。

WORK 01 やってみよう！ 「ホームレス」の人数と支援団体を調べてみよう

あなたの住む自治体にホームレスの人がなん人いるか、自治体のHPなどで調べてみましょう。またあなたの家の近くにある「ホームレス」支援団体を探し、どんな活動をしているか調べ、できたら一度参加してみましょう。

「ホームレス」の人数 ＿＿＿＿＿＿ 人

団体名	
活動内容	

WORK 02 やってみよう！ もし、自宅の前にホームレスの人がいたら？

ある日、家の前にホームレスの人が寝ていたら、あなたはどうしますか？

CHAPTER04 どうして「ホームレス」になるの？

WORK 03 みんなで話そう！ どうして「ホームレス」になるの？

1人の人がホームレス状態になってしまうには、どのような経緯が考えられるでしょうか？
以下の要素をふまえて、ホームレス状態になるまでの経緯を想像し、話し合いましょう。

考慮すべき要素

生育歴	生まれ育った家庭の家族構成、家族との関係性、虐待の有無など
学校生活	先生や同級生との関係性、成績、出席状況など
対人関係	社交的？ トラブルになりやすい？ 友人は多い？ 依存的？ 人間不信？ など
職歴	職種、雇用形態、労働環境、賃金、転職頻度、ハラスメントの有無など
住まいの変遷	実家、アパート、会社の寮、ネットカフェ、路上など
結婚歴・交際歴	結婚家庭の家族構成、パートナーとの関係性、DVの有無など
病気や障がいの状況	通院の状況、投薬の有無、障がい者手帳の取得状況
その他	依存症の有無など

なにがきっかけで？

状況がどんどん悪くなるのはどうして？

ホームレス状態から抜け出せないのはなぜ？

WORK 04 💬みんなで話そう！
「ホームレス」は排除する？　しない？

現在、都内などでは、「排除」といってホームレスの人を寝ている場所から追い出そうとする行為が頻発しています。もちろん、道路や公園などで寝ることはいいこととはいえません。AとB、2つの意見にわかれて議論してみましょう。

A	B
「ホームレス」の排除は仕方がない	「ホームレス」の排除はよくない

＊ホームレスの人が排除された場所

WORK 05 💬みんなで話そう！
ホームレスの人は文句を言うな？

現在、都内でホームレス状態の人が公的な支援を受ける場合、基本的に個室の施設に入れることは少なく、多くは複数人部屋になってしまいます。
AとB、2つの意見にわかれて議論してみましょう。

A	B
寝泊まりできればどのような場所でも文句はいえない	税金が多くかかったとしても個人のプライバシーなど最低限の配慮のある施設が必要

＊自立支援センター中野寮（2011年）。ホームレスの人が入所する施設では環境がいい施設だが個室はない。

 より深く学べる資料

『ルポ　若者ホームレス』飯島裕子、ちくま新書、2011年

『ルポ　最底辺――不安定就労と野宿』生田武志、ちくま新書、2007年

『子どもに「ホームレス」をどう伝えるか』生田武志・北村年子著、一般社団法人ホームレス問題の授業づくり全国ネット編、太郎次郎社エディタス、2013年

『「ホームレス」襲撃事件と子どもたち』北村年子、太郎次郎社エディタス、2009年

CHAPTER 05 社会保障ってなに?

学習のねらい
○日本の社会保障制度を知る
○国や自治体の役割を把握する

はたらけなくなったらどうしよう?

これだけは知っておきたいキホンの「キ」

困ったときの「社会保障」

　私たちは、どのように日々の生計を成り立たせているのでしょうか。
　仕事をして給料をもらう、家族に援助してもらう、貯金を切り崩す。私たちが生活していくためのお金を得るには、大きくわけてこの3つの方法があります。では、病気になったら、年をとって働けなくなったら、働く場を失ってしまったら、家族の援助に頼れなかったら、貯金も使い果たしてしまったら。いったいどうすればいいのでしょうか。
　困ったときに助け合えるように、私たちは「社会」を形成し、「国家」を形成し、必要な人が利用することができる「制度」を整えてきました。この「制度」を「社会保障」といいます。

一人ひとりを支えるための社会保障

　私たちの社会には、さまざまな人が生活しています。高齢者、障がいのある人、子どもや妊婦さんなどなど。日本の全人口のなかで働ける人は約半分くらいといわれ、実際、私たちはとくに意識することなしに「社会保障」の恩恵を受けています。
　社会保障は、「社会保険」「社会福祉」「公的扶助(社会扶助)」の3層にわかれています(図①)。
　社会保険はリスクに対してかける「保険」です。高齢というリスクに対して「年金」、病気というリスクに対して「医療保険(健康保険)」、失業というリスクに対して「雇用保険」などのように、働けなくなるリスクに対して日ごろから負担をし、必要なときに制度を利用するしくみになっています。
　社会福祉政策は、高齢者福祉や児童福祉、障がい者福祉など、社会のなかで困難をともないやすい状態の人を支えるための施策です。そして、最後に公的扶助(社会扶助)としての生活保護

図① 社会保障の3層構造

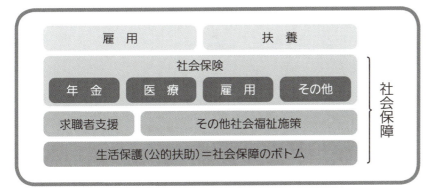

制度によって、一人ひとりの最低限度の生活を支えるセーフティネットをはりめぐらせています（生活保護についてはCHAPTER06を参照）。

…… 自助＞共助＞公助＝社会保障が薄くなる？

　近年、この「社会保障」が危機的な状況にあります。CHAPTER03で紹介したように、非正規労働者の増加や少子高齢化によって、「雇用」と「扶養（家族の援助）」の力がとても弱くなっています。そのため社会保障で支えなければならない領域が増加しているにもかかわらず、国と政府は社会保障費の削減や制度の見直しの方向にかじを切りました。

　政府が2012年に成立させた社会保障制度改革推進法（税と社会保障の一体改革）の2条の項目を見てみましょう。

・家族相互、国民相互の助け合いのしくみが基本（2条1）
　→まず家族や地域での支えが優先される
・給付の重点化および制度の運用の効率化を行う（2条2）
　→社会保障に政策効果や費用対効果の視点を導入する
・年金、医療、介護は社会保険料が基本（2条3）
　→基本は払った人しか支給を受けられないしくみにする
・社会保障給付の主要な財源は消費税とする（2条4）
　→低所得者にとって負担の大きい消費税で財源をまかなう

とあります。国が担うべき社会保障の枠組みを定めた法律のはずなのに、まず「自助（自分・家族でがんばる）」、そして次に「共助（地域の支え）」、それでもダメなら「公助（社会保障）」という方針が見てとれます。

……「全員参加の社会」とは

　2015年9月24日、安倍首相は自民党本部で会見し、新たな「3本の矢」の政策によって、すべての人が活躍できる「一億総活躍社会」を目指すと表明しました。会見のなかで安倍首相は以下のように述べています。

『ニッポン「一億総活躍」プラン』を作り、2020年に向けて、その実現に全力を尽くす決意です。
　そのために、新しい「三本の矢」を放ちます。
　第一の矢、『希望を生み出す強い経済』。
　第二の矢、『夢をつむぐ子育て支援』。
　第三の矢、『安心につながる社会保障』。
　希望と、夢と、安心のための、「新・三本の矢」であります。

出典：安倍晋三総裁記者会見（両院議員総会後）、自由民主党ホームページ

　強い経済も、子育て支援の拡充も、社会保障の整備も基本的に反対する人はいないでしょう。しかし、このなかで語られている「一億総活躍」がなにを指し示すかは重要な意味をもちます。
　2015年8月31日に公表された平成28年度厚生労働省所管概算要求の主要事項には、「『全員参加の社会』の実現加速」が組み込まれており、以下のように記されています。

「人口減少の下でも、我が国の安定的な成長を実現していくためには、働き手の確保が必要であり、個々人がその持てる能力を最大限に発揮できる『全員参加の社会』の実現を加速させる」
「全ての人材が能力を高め、その能力を存分に発揮できるよう、女性・若者・高齢者・障害者等の活躍推進、外国人材の活用などにより『全員参加の社会』の実現加速を図る」

　社会的に機会を奪われたり不利益をこうむりやすい女性や若者、高齢者や障がい者など、これまで雇用につながりづらかった人たちが、働く場を得られたり、必要な支援を利用したりできるように支援をしていこうというもので、これ自体はとても重要な政策です。しかし、ここでいう「全員参加」は、あくまで「働き手の確保」という側面での「参加」だということに注目する必要があります。「働き手の確保」とは、働きたい人のためではなく、「我が国の安定的な成長」のためであると明記されているのです。
　「我が国の安定的な成長のために」働くことを強制される「全員参加の社会」と、働き手として活躍できるかどうかにかかわらず個々人の自由意志で、権利として社会に参加できる「全員参加の社会」。あなたは、どちらがよりよい社会だと思いますか？

データから考えてみよう

　今後、社会保障費は少子高齢化の影響を受けて大きく増加することが見込まれています。
　次ページの図②を見てください。2000年度に約80兆円だった社会保障費は、2025年度には約150兆円になる見通しです。一般会計歳出が一般会計税収を上回る現状もふまえて、今後の日本の社会保障のあり方を考えていく必要があります（図③）。

図② 社会保障費の見通し（単位：兆円）　　図③ 一般会計歳出総額と税収の推移（単位：兆円）

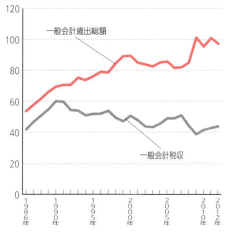

出典：2000年度における社会保障給付費は国立社会保障・人口問題研究所「社会保障費用統計」。2012年度及び2025年度における社会保障給付費は厚労省「社会保障に係る費用の将来推計の改定について（2012年3月）」による

出典：財務省

より深く知るために

…… 社会保障と国民負担率

　図④の社会保障の国民負担率の国際比較を見ると、日本はヨーロッパ諸国よりは高くないことがわかります。

　たとえば比較的国民負担率の高いスウェーデンを見ると、社会保障給付費は2011年に対GDP比41.9％に達しており、2014年の日本の30.8％と比較して10ポイント以上の差があり

図④　国民負担率の国際比較

［国民負担率＝租税負担率＋社会保障負担率］［潜在的な国民負担率＝国民負担率＋財政赤字対国民所得比］

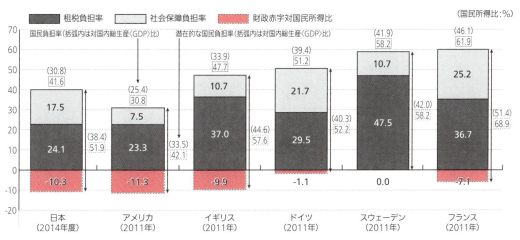

＊日本は2014年度見通し。諸外国は2011年実績
出典：財務省　http://www.mof.go.jp/budget/fiscal_condition/basic_data/201402/sy2602p.pdf

ます。そして、その内訳は国立社会保障・人口問題研究所の2010年の調査によれば、年金・医療への支出は日本とそれほど差がない一方で、「その他」への支出が多く、そこには介護手当、家族支援、住宅手当、再就職支援などが含まれています。

　日本の社会保障はどちらかといえば高齢者に手厚くなっていますが、スウェーデンではより幅広い年齢層が社会保障のメリットを感じやすい制度になっているといえるでしょう。「高福祉・高負担」といわれるスウェーデンですが、高い税負担を受け入れている理由として、国民の間に、社会福祉の恩恵を受けている、あるいは困ったときには受けられるという実感があるということがあげられます。

　みんなで高い税金を払って手厚い社会保障を得るのがいいのか、それでは稼いだ人が不公平だし財政的にも厳しいので社会保障を削減するべきか。あなたなら、どちらがいいと思いますか？

 用語解説

●社会保険
加入者からあらかじめ拠出された保険料を財源として給付を行なうしくみ。長所としては、拠出の見返りとして給付を受けることから、給付の権利性が強く、スティグマ（CHAPTER07参照）をともなわない。短所としては、保険料を払えなければ、無保険状態となり給付を受けられない。

●社会福祉
税金を財源として、社会的な弱者に対し、各種手当などによる所得保障や、社会福祉サービスの保障を行なうもの。所得保障には児童手当や特別障害者手当などがあり、社会福祉サービスには、保育所サービス、地域生活支援事業などが含まれる。

●公的扶助（社会扶助）
税金を財源として、現在すでに経済的に困窮している人に対して給付を行なうもの。

●消費税
税金には、所得の再分配によって所得の格差をやわらげるという役割があり、所得税などは高所得者にたくさん負担させる累進課税制度になっている。これに対して消費税は、同じ税率でも低所得の人ほど所得の大半を義務的経費として消費しなければならないために現実的な負担が大きく、高所得の人ほど負担が軽くなる「逆進」的な税制である。たとえば、月収が10万円しかない人はそのすべてを生活費にあてなければならず8％の消費税負担は重くのしかかる。しかし、月収が100万円の人にとっては、その収入のすべてを生活費にあてるわけではないため、同じ税率でも家計に与える影響は低いと考えられる。

●社会保障給付費
社会保障のために国民に給付された費用のこと。社会保険にもとづく費用が約9割を占める。部門別には「年金」が5割を超えている。財源は社会保険料と公費（税金）（国立社会保障・人口問題研究所、2009年）。

●一般会計歳出
歳出（国の支出）のうち、国が一般行政（福祉や教育、公共事業など）を進めるための経費のこと。
国の収入は歳入といい、税金と国債からなる。国の一般会計歳入のうち5割程度は借金でまかなっている状況である。

●全員参加の社会
福祉の文脈では、個々人の自由として、権利として、働くこと、そして働くことができなくても社会に参加できるようになることを目指していくことを「全員参加の社会」と呼ぶ。「社会的包摂」（対義語は「社会的排除」）という言葉を使う場合もある。

WORK 01 給与明細を確認しよう！

下の給与明細は、社会人2年目の給与明細の例です。社会保険料や税金の占める割合はどのくらいでしょうか。実際に計算してみましょう。

給料明細書（平成28年 11月分）
会社名：貧困問題株式会社
部門-所属：　　社員：　　氏名：もやい太郎様

支給額
- 基本給：237,000
- 時間外手当：
- 通勤手当：
- 不就労控除：
- 総支給額：237,000

控除額
- 健康保険：9,960
- 介護保険：
- 厚生年金：21,818
- 年金基金：
- 雇用保険：948
- 所得税：4,920
- 住民税：9,000
- 控除計：46,646

調整額：　　差引支給額：190,354　　現金：190,354

勤怠
- 出勤日数：20日

国民年金（厚生年金等）	円	（　　　%）
健康保険料	円	（　　　%）
介護保険料	円	（　　　%）
雇用保険料	円	（　　　%）
所得税・住民税など税金	円	（　　　%）
控除合計	円	%

＊答えは108ページ

給与明細の項目は「支給」「控除」「勤怠」にわかれてるよ。「差引支給額」というのが「可処分所得」で、いわゆる「手取り」と呼ばれるものだね

CHAPTER05 社会保障ってなに？　49

WORK 02 月にいくら消費税を払っている？

あなたの1カ月の支出のなかで、消費税として支払っている金額は、いったいいくらになるでしょうか。1週間、買ったものの領収書をとっておき、1カ月分の消費税を算出してみましょう。

WORK 03 あなたの自治体の収支を調べてみよう！

あなたの住んでいる自治体の予算規模はいくらですか？　また、収入はいくらで支出はいくらでしょうか。調べてみましょう。

区分	予算額
一般会計	
特別会計	
合　計	

収入（歳入）	支出（歳出）
円	円
どんな項目がありますか？	どんな項目がありますか？
● ● ●	● ● ●

WORK 04 一人ひとりの生活と財政、どっちが大事？

💬 みんなで話そう！

貧困率の上昇や、少子高齢化の影響によって、国の社会保障負担は今後ますます増えていくといわれています。しかし、国の財政赤字はふくらむ一方です（47ページ図②、図③参照）。いったいどうしたらいいでしょうか。

AとB、2つにわかれ、理由を考えて議論してみましょう。Aの社会保障削減の立場の人は、貧困対策や社会的弱者への福祉サービスをどうするのか、具体案を出しましょう。Bの社会保障を手厚くするべきという立場の人は、足りない財源をどこがどのように負担するのか、具体案を出しましょう。

A	B
財政が厳しいから社会保障削減はやむを得ない	財政が厳しいなかでも負担を多くして社会保障を手厚くしていくべきだ

より深く学べる資料

『脱貧困の社会保障』唐鎌直義、旬報社、2012年

『租税抵抗の財政学──信頼と合意に基づく社会へ』佐藤滋・古市将人、岩波書店、2014年

『わたしたちに必要な33のセーフティーネットのつくりかた』竹信三恵子・新藤宗幸・五石敬路・稲葉剛編、合同出版、2011年

CHAPTER 06 生活保護ってどんな制度?

学習のねらい
○日本国憲法で保障された生存権を学ぶ
○生活保護制度について知る
○生活保護制度の課題を考える

これだけは知っておきたいキホンの「キ」

健康で文化的な最低限度の生活

日本国憲法では、25条に「生存権」と国の社会的使命が規定されています。
　第25条　すべて国民は、健康で文化的な最低限度の生活を営む権利を有する。
　2　国は、すべての生活部面について、社会福祉、社会保障及び公衆衛生の向上及び増進に努めなければならない。

生存権とは文字どおり、私たち一人ひとりが生きていくための権利です。それは、生物学的に「生存する」というだけでなく、社会の一員として尊厳をもって生活する権利です。そして、そのために、国が社会的使命として必要な制度や施策を整えることを義務づけたものです。

CHAPTER05では社会保障制度について考えましたが、ここでは、国が保障する「健康で文化的な最低限度の生活」(ナショナルミニマム)のための「生活保護制度」について考えましょう。

生活保護の基本原理と基本原則

生活保護は、次の4つの原理にしたがって解釈され運用されています。

生活保護の基本原理
①**国家責任の原理**：生活に困窮する人に対し、憲法25条に規定する生存権保障の理念にもとづき、国の責任において保護を実施する。
②**無差別平等の原理**：人種、信条、性別、社会的身分や、生活困窮におちいった原因にかかわらず、現在の困窮状態だけに着目して保護を行なう。
③**最低生活の原理**：憲法で定められた健康で文化的な生活水準を維持できる最低限度

の生活が保障される。実際の保護基準については、生活保護法第8条の規定により厚生労働大臣が設定することになっている。
- **④補足性の原理**：仕事の収入や資産、利用できる他の制度を活用しても、なお健康で文化的な生活水準に満たない場合、その不足分を補う。

このように保護が国の責任において実施されることが法のなかにしっかりと明記されています（①）。また、生活困窮におちいった原因は問われないので、極端な話、失業によって困窮してしまった場合でも、ギャンブルで有り金を使い果たしてしまった場合でも、現在困窮していれば保護の対象になります（②）。

憲法25条で定められた「健康で文化的な最低限度の生活」が保障され、その基準は厚生労働大臣が設定するとあります。しかし、基準の算定方法についてはさまざまな議論があり、現在の基準が本当に「健康で文化的な最低限度の生活」を送るに足るものかどうか疑問の声もあります（③）。

また、仕事をしていて収入があると生活保護を利用できないという誤解がいまだにありますが、補足性の原理とあるように、収入が基準額に満たなければ、生活保護を利用して足りない分を補うことができます（④）。

また、生活保護の実施にあたっては、次の4つの原則が定められています。

生活保護の基本原則
- **①申請保護の原則**：保護は、本人やその扶養義務者などの申請にもとづいて開始する。ただし、本人が急迫した状況にあるときは、申請がなくても必要な保護を行なうことができる。
- **②基準および程度の原則**：保護は、厚生労働大臣の定める基準にもとづき、不足分を補う程度において行なう。
- **③必要即応の原則**：保護は、本人の年齢、性別、健康状態など実際の必要性を考慮して、個々人の状況に合わせて行なわれる。
- **④世帯単位の原則**：世帯を単位として保護の要否や程度が定められる。

生活保護請求権は保護を求める者にとっての権利であり、申請という行為はその請求権の行使ということになります。しかし申請にもとづいて保護を開始するという原則は（①）、見方を変えれば、申請がなければ保護されないということにもなります（急迫状況にある場合をのぞく）。そもそも制度自体を知らなかったり、制度を誤解して自分は利用できないと思い込んでいたりすれば、保護にはつながらないことになります。申請保護の原則は、保護の最初のハードルを上げてしまっている側面もあるといえます。

また、生活保護というのは個人ではなく世帯を単位として利用することになっており（④）、

収入も世帯全員の収入を合わせた金額で認定され、月々に必要な生活費の額も世帯全員をひとつの単位として計算されます。そうすると、たとえば家賃を安く上げるために友人とルームシェアをしていた場合、困窮して自分だけが生活保護を利用したいと思っても、ルームシェアをしている友人と二人世帯とみなされ、友人と二人で生活保護を申請するしかないということが起こり得ます。友人が生活保護を利用したくないといえば、本人は生活保護を利用することができなくなります。

生活保護は、運用や実施の面で課題もある制度ではありますが、上記の原理・原則にもとづいて、最後のセーフティネットとして、人びとの生活や生命を支える重要な役割を果たしています。

生活保護は最後のセーフティネット

現在、日本で生活保護を利用している人は約216万人です（2016年3月現在）。病気や高齢により仕事をすることができなかったり、不況で仕事を見つけられなかったり、家族や親族の援助を受けることができなかったりなど、理由は人によりさまざまです。この制度によって人口の1.7％ほどの人を支えています。

生活保護はその基本原理により、食費や住宅費、医療費など8種類（生活、住宅、医療、介護、教育、出産、生業、葬祭）の扶助があります（他に必要に応じて一時扶助もあります）。各扶助の金額は、国が年齢や世帯人数、地域差などを総合的に判断して定めています。

そして、私たちが生活に困窮し、
・収入が生活保護基準より少ない
・資産を活用しても生活できない
・働けない、働く場がない
・年金や手当など、他の制度を使っても生活保護基準に満たない

といった条件を満たしていれば、各自治体の福祉事務所（自治体により名称は異なる）にて、制度の利用を申請することができます。福祉事務所は、住まいの有無や、困窮理由にかかわらず、申請があればそれを受理することになっています。なお、家族や親族の「扶養義務」は、生活保護を利用する際の要件ではありません。そして福祉事務所は、申請者に生活保護が必要かどうか判断し、必要であればすぐ制度の利用を開始し、生活の保障と自立を目指した支援を行ないます。

表① 保護基準額の例（2015年8月）

（例1）

50歳男性　単身世帯の場合	
生活扶助	80,160円
住宅扶助	～53,700円
保護基準額は	⇒～133,860円

（東京都23区）

（例2）

33歳男性＋29歳女性＋子ども一人4歳	
生活扶助	168,170円
住宅扶助	～69,800円
保護基準額は	⇒～237,970円

（東京都23区）

…… 生活保護が財政を圧迫?

　近年、生活保護利用者数は増加の一途をたどっています。しかし、政府の審議会等では、国の財政の悪化とともに、生活保護利用者の数とそのためにかかる費用をなんとか減らせないかと、「適正化」という名のもとにあの手この手の削減案が議論されてきました。2012年の衆議院議員選挙では自民党が「生活保護の1割カット」を政権公約に掲げ、自民党政権に交代後の2013年より生活保護基準の引き下げが始まりました。そして、各世帯の引き下げ率を平均すると約6％、総額約1000億円のカットとなりました。

　とくに、子どもがいる世帯ほど削減額が多くなっており、同じく2013年にすべての政党・会派の全会一致で成立した子どもの貧困対策基本法の主旨である、子どもの貧困をなくすという目標とは矛盾したものになっています。

表②　生活扶助基準引き下げの具体例（都市部の場合）（単位：万円）

	引き下げ前	2013年8月～	2015年度～	最終削減額
夫婦と子1人	17.2	16.7	15.6	1.6
夫婦と子2人	22.2	21.6	20.2	2.0
70代以上夫婦	11.4	11.2	10.9	0.6
70代以上単身	7.7	7.6	7.4	0.3
60代単身	8.1	8.0	7.9	0.2
41～59歳単身	8.3	8.2	7.9	0.4
20～40歳単身	8.5	8.3	7.8	0.7
母と子1人	15.0	14.7	14.1	0.8

出典：厚生労働省「生活保護制度の見直しについて」2013年

データから考えてみよう

　次ページ図①の生活保護利用者の世帯構成を見てみると、高齢世帯が51％、傷病・障害世帯が27％、母子世帯が6％と就労がむずかしい人が多いことがわかります。「その他の世帯」の世帯主の平均年齢は55.8歳（厚生労働省　被保護者調査）で、働き口を見つけられない人や、働いてはいるものの収入が低く生活保護の基準に該当する人などが含まれています。

　近年、生活保護利用者が増加しているのは、低年金、無年金の高齢者が増加したり、現役世代が高齢世代を養うのがむずかしくなってきていることのあらわれでもあります。2011年9月を基準としたとき、高齢世帯が約9万世帯以上増加しており、他の世帯類型をはるかに上回る伸びとなっています（次ページ図②参照）。今後、人口の多い団塊の世代が高齢者になり就労が困難になっていくため、ますます高齢世帯の生活保護利用の増加が予想されます。

図① 生活保護利用者世帯構成（2016年3月値）

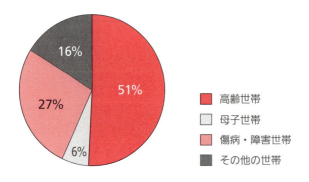

出典：厚生労働省　被保護者調査

図② 世帯類型別生活保護世帯の推移

出典：厚生労働省概数調査

より深く知るために

……… 2013年生活保護法改正

　2013年12月、生活保護法が約60年ぶりに改正されました。おもな改正点としては、
①生活保護の申請の際に申請書や必要書類の提出を求めること
②扶養義務者への調査権限の拡大
③稼働年齢層への就労支援の強化
　などがあげられます。これに対して支援団体や法律家などは、①については、ホームレス状態の人など困窮した人ほど収入・資産の証明などがむずかしい、②は、家族の実態を顧みずに一律に扶養調査を行なえるようにすると申請を委縮させてしまう、などの問題点を指摘しました。

政府の国会答弁では、①②とも、法律の文言を変えても実際の運用はこれまでどおりというものでした。これまでどおりなら、なぜ法律を変える必要があったのでしょうか。実際に各自治体の現場では、法律の文言どおりに運用する窓口と、これまでどおりに運用する窓口との間に解釈の違いが生じており、必要な人が利用しづらい制度になってしまっています。

　図①で見たように、生活保護制度は、高齢者や病気・障がいがある人、母子家庭など、社会のなかで困難な状況におちいりやすい人を支えています。③は「その他の世帯」が対象となりますが、就労支援を強化したからといって、受け入れ先の企業の雇用状況や社会の状況が変わらないと、実際には仕事につくことは容易ではありません。

　本来は、必要な人がすぐ利用することができて、必要であれば利用を続けることもでき、体や心を十分に休めてから自立に向かって進んでいくべき制度が、利用することもむずかしく、利用できたとしてもすぐに追い立てられてしまうような制度改正が行なわれてしまったといえます。

用語解説

●生活保護を「利用する」という言い方
生活保護を「受給する」、「もらう」などの言い方をすることがあるが、生活保護は困ったときにだれでも使える制度であるため「利用する」という表現で統一している。

●ナショナルミニマム
国が国民に対して保障する生活の最低水準のこと。

●一時扶助
アパートに入居するための費用、家具やふとん、衣類を買うための費用、水道・畳の修繕など住宅維持費、小中学校の入学準備金などが含まれる。

●扶養義務と扶養照会
民法では730条において「直系血族及び同居の親族は、互いに扶け合わなければならない」と規定している。また、752条で夫婦（配偶者）間の扶養義務、877条で親族間の扶養義務が定められている。しかし、生活保護制度に関しては、家族が養うのは「義務」ではなく、「可能であれば」という範囲にとどまっている。
原則として、生活保護を申請した際には、福祉事務所から親族に対して「（申請者を）扶養できませんか？」という連絡（扶養紹介）を行なうことになっている。ただし、DVなどのために親族への連絡が危険であるなど理由がある場合は、連絡がいくことはない。

●DV
ドメスティック・バイオレンスの略。同居関係にある配偶者や内縁関係の間、元夫婦や恋人の間で起こる暴力のこと。
内閣府の調査（2012年）では、既婚女性の3人に1人がDV被害を経験し、23人に1人の女性が生命に危険を感じるほどの暴力を受けていると報告された。CHAPTER08も参照。

WORK 01 生活保護申請書を見てみよう

🏠 やってみよう！

 5分

実際の生活保護申請書の内容を見てみましょう。どんな感想をもちましたか。

生活保護申請書

　　　　　　　　　　　　　　　　　　　　　　　　年　　月　　日

宛先　　　　　　　　福祉事務所所長

申請者氏名　　　　　　　　㊞　　住所

連絡先　　　　　　　　　　　　要（被）保護者との関係

次の通り生活保護法による保護を申請します。

現住所							
世帯員の名前	氏　名	続柄	性別	生年月日	年齢	職業	健康状態

保護を受けたい理由	

援助者の状況（家族）	氏　名	続柄	年齢	職業	現　住　所

＊申請書の様式は各自治体によって異なります。
＊参考：「困ったときに荷使える最後のセーフティネット活用ガイド」
http://www.npomoyai.or.jp/wp-content/uploads/2015/04/seiho-guide_3.pdf

感　想

WORK 02 やってみよう! 近くの福祉事務所を調べてみよう

もしあなたが生活保護を申請することになったとき、あなたの住んでいる地域の場合どこの福祉事務所にいけばいいでしょうか。調べてみましょう。

地域	
所在地	
電話番号	

WORK 03 みんなで話そう! もしあなたが生活保護を申請したら

もしあなたが生活に困って生活保護を申請したら、家族や親族に扶養照会がいってしまいます。そのことについてどう思いますか? もし、その家族や親族から虐待やDVを受けていたなど、連絡をされたくない事情があったとしたらどうでしょうか?

あなたが生活保護を申請するときに、家族や親族に連絡がいくことについて
....
....
....
....

虐待やDVなど特別な事情があった場合
....
....
....
....

WORK 04 💬みんなで話そう！ もし家族（親族）が生活保護を申請したら

生活保護を申請すると、申請先の福祉事務所から、申請者の家族や親族に申請者を「養えないか」と連絡がいく「扶養照会」があります。次のような状況になったとき、あなたはどのような回答をしますか？

①家族（親族）のだれかが生活保護申請し、福祉事務所から「あなたの○○が生活保護を申請したので援助してください」と連絡がきたとき。

両親の場合	
兄弟姉妹の場合	
子どもの場合	
親戚の場合	

②自分は経済的に余裕があるが、過去に自分に暴力をふるっていた父親が生活保護を申請したらしく、福祉事務所から「援助してください」と連絡がきたとき。

WORK 05 扶養義務は必要？

💬 みんなで話そう！

 10分

AとB、2つのグループにわかれて、扶養義務は必要かどうか議論してみましょう。

A	B
生活に困ってもまず家族が養うべきとの原則を強化すべきであるため、扶養義務を守る必要がある。	家族の事情は人それぞれなので扶養義務は必要ないと思う。

より深く学べる資料

『14歳からわかる生活保護（14歳の世渡り術）』雨宮処凛、河出書房新社、2012年

『生活保護から考える』稲葉剛、岩波新書、2013年

『生活保護「改革」ここが焦点だ！』生活保護問題対策全国会議監修、尾藤廣喜・吉永純・小久保哲郎編著、あけび書房、2011年

『間違いだらけの生活保護「改革」──Q&Aでわかる　基準引き下げと法「改正」の問題点』生活保護問題対策全国会議編、明石書店、2013年

『生活保護リアル』みわよしこ、日本評論社、2013年

「あなたも使える生活保護」日本弁護士連合会編、2015年（http://www.nichibenren.or.jp/library/ja/publication/booklet/data/seikatsuhogo_qa_pam_150109.pdf）

CHAPTER 07 生活保護って不正受給も多いんでしょ？

学習のねらい
○生活保護をめぐる誤解について知る
○生活保護制度の運用の実態を考える
○制度からもれている人がいる現状を知る

不正じゅきゅうはまずいんじゃない？

これだけは知っておきたいキホンの「キ」

生活保護によくある誤解

「あいつ生活保護なのにベンツに乗っている」「生活保護で受け取った生活費をパチンコに使っちゃう」

テレビや新聞、雑誌などではこのような声をよく聞きます。

また、2012年にお笑い芸人の母親が生活保護を利用していたことが明らかになり、そのこと自体は不正でないにもかかわらずあたかも不正受給であるかのようにいわれ、国会でも追及されるなど、マスコミ報道でも「生活保護バッシング」が起きました。

生活保護は、本来であれば、生活に困ってどうしようもなくなってしまった人を支える、とても大切な制度です。「税金で養ってもらっている」「怠けている人、努力しない人が使っている」などというイメージが広がってしまっていることは、制度の信頼性に関わる問題でもあります。またそういったイメージによって、生活保護利用者が、自分が生活保護を利用していることを人にいえなくなったり、恥だと思ってしまったり、それによって精神的に追い詰められてしまうことにもつながってしまいます。

では、本当に不正受給が横行しているのでしょうか。

厚生労働省の資料（表①）によれば、2009年の段階で、不正受給は全国で1年間に19,726件、約102億円でした。これは、生活保護にかかる費用全体から見るとわずか約0.34％です。件数自体は増加傾向にありますが、生活保護利用者の総数が増えているために、1件あたりの金額はむしろ減っています。

不正の内容に関しては、収入の無申告や過少申告が8割以上を占めます（表②）。生活保護利用中は、仕事や年金などの収入を必ず申告しなければならないのですが、この無申告や過少申告

表① 不正受給件数と金額等の推移

年度	不正受給件数 件	金額 千円	1件当たり金額 千円
2003	9,264	5,853,929	632
2004	10,911	6,203,506	569
2005	12,535	7,192,788	574
2006	14,669	8,978,492	612
2007	15,979	9,182,994	575
2008	18,623	10,617,982	570
2009	19,726	10,214,704	518

出典：厚生労働省平成21年度監査実施結果報告

表② 不正内容（2009年度）

内訳	実数 件	構成比 ％
稼働収入の無申告	9,891	50.1
稼働収入の過小申告	1,983	10.1
各種年金等の無申告	4,022	20.4
保険金等の無申告	742	3.8
預貯金等の無申告	483	2.4
交通事故に係る収入の無申告	292	1.5
その他	2,313	11.7
計	19,726	100.0

出典：厚生労働省平成21年度監査実施結果報告

には、悪意をもって意図的に行なった不正受給と、たんに申告を忘れてしまった、間違ってしまった、申告をしなければいけないことを知らなかったものとが含まれています。たとえば、障がいをもつ人が作業所で働いた工賃を申告しなければいけないと知らなかった、母子世帯で母親が生活保護利用中であると子どもに伝えておらず、子どもがアルバイトで得たお金を申告しなかったなどは、悪意ある「不正受給」とは一線を画します。

…… ケースワーカーってなにする人？

下の表③「不正受給発見の契機の状況」を見てみると、「照会・調査」が約9割を占めます。これは、ケースワーカーが調査をして発見した、ということです。

ケースワーカーとは、生活保護利用者を支援する役所の担当者のことです。生活保護の申請を受理し、生活保護が必要かどうか調査をし、必要であれば支給を決定します。そして、通院が必要なのか、介護が必要なのか、住居を用意する必要があるか、就労支援が必要かなど、その人の相談を聞きながら状況に合わせて支援を整えていきます。

生活保護利用者は、高齢者や傷病・障がい者、母子家庭、DVを受けて逃げてきた、ホームレス生活をしていたなど、さまざまな困難さを抱えた人が多いため、ケースワーカーは大忙しです。彼らの生活が困難な状況であることは待ったなしなので、必要な支援を迅速に届けなければなりません。

しかし実際は、なかなか手が回っていないのが現状です。厚労省は1人のケースワーカーが80世帯を担当することを標準数として定義していますが、生活保護利用世帯が多い自治体では

表③ 不正受給発見の契機の状況（2009年度）

照会・調査	通報・投書	その他	計
17,621件 (89.3%)	1,266件 (6.4%)	839件 (4.3%)	19,726件 (100.0%)

出典：厚生労働省平成21年度監査実施結果報告

*1 「照会、調査」とは、福祉事務所が被保護世帯、勤務先、生命保険会社、税務官署、社会保険事務所等の関係先に対する照会や訪問調査を行なったもの及び監査指摘等によるものである。
*2 「通報、投書」とは、他の福祉事務所、一般住民、民生委員等からの通報及び投書である。
*3 「その他」とは、新聞報道等によるものである。

1人が100世帯を超えて担当していることもめずらしくありません。また、ケースワーカーが必ずしも福祉の専門家というわけでもありません。福祉の勉強をした経験が少ない人でも役所に異動を命じられればそれにしたがわなければならないからです。質的にも満足な人員体制を確保できているとはいえない状況があります。

不正受給を減らし、必要な人により適切な支援を届けていくためにも、ケースワーカーの増員や専門性の向上は急務なのですが、対策は進んでいません。

……… 「水際作戦」って知っていますか？

生活に困って福祉事務所へ生活保護の申請にいったとしても、不当に追いかえされてしまう……。多くの方はそんなことは起こらないだろうと思うでしょう。しかし、実際には、生活保護行政における不当・違法な対応はあとを絶ちません。

たとえば、

「まだ若いから生活保護は利用できません」

「家族がいる場合は実家に帰る決まりになっています」

「まずはハローワークにいってください」

「住所がない人は申請できません」

などは、典型的な違法な対応です。このように生活保護の申請を窓口で違法に妨げることを「水際作戦」と呼びます。

私たち一人ひとりには、この制度にアクセスするための「申請権」が保障されています。つまり、福祉事務所は生活保護の申請があれば必ず受理しなければなりません。水際作戦は、その申請権を侵害するものであるといえます。

厚生労働省は各自治体に対し、生活保護の相談に訪れた人がいれば、適切に制度の説明を行ない、制度利用に向けて援助・誘導していくことが望ましいと、窓口での運用を指導しています。

しかし、2012年には札幌市の白石区で姉妹が貧困の末に死亡する悲しい事件がありました。死亡する前、姉は3度にわたって福祉事務所を訪ねていたにもかかわらず乾パンを渡されたのみでした。姉は2011年末に病死。料金滞納で電気・ガスも止められており、知的障がいのある妹は、姉の死後に凍死しました。

2014年には千葉県銚子市で生活が困窮し家賃を滞納した母子家庭の母親が、娘と無理心中をはかった事件がありました。母親は福祉事務所に相談に訪れていましたが、生活保護の申請にいたりませんでした。県営住宅家賃や公共料金、健康保険料等の滞納があったにもかかわらず、関係機関で必要な情報を共有するしくみがなく、状況を把握できていませんでした。

困窮状態にある人のSOSを拾いきれていない生活保護行政の体質はまだまだ根深く残っています。

データから考えてみよう

表④を見るとわかるように、日本では生活保護の捕捉率は15〜18%にとどまります。捕捉率とは、本来利用できる人のなかでどのくらいの人が実際に利用しているのかの割合です。

CHAPTER01で見たように現在日本では貧困率が上昇しています。生活保護制度の利用を必要とするくらいの状況まで困窮しているにもかかわらず、制度を利用していない人が多いということになります。この捕捉率の低さにはさまざまな理由があります。

1つめはスティグマ性といって、生活保護利用を恥ずかしいと思ってしまう、近所の人に知られたくないなどの、恥の意識や偏見が、本人や周囲の人、社会全体に根強いこと。

2つめは、扶養義務の問題で、家族や親族に知られたくない、迷惑をかけてしまうと思って申請をためらってしまう人が多いこと。

3つめは、後述の「水際作戦」で、窓口に相談にいってもきちんと対応されずに追い返されてしまうこと。

4つめは、「持ち家だから無理」「車を売らないといけない」「若いから無理」など誤った情報にとらわれて制度利用をためらってしまうこと。

これらはいずれも、生活保護や社会保障のしくみへの正しい知識や、私たち一人ひとりがもっている権利に対する理解が不足していること、また社会全体がそれを共有できていないことからきています。諸外国では支援が必要な人をより積極的に支援しようとさまざまな施策を打っていますが、日本では、そもそも制度のことを教育の場で教えておらず、社会に広く周知もしていません。必要な人は積極的に支援を受けられるよう改善をしていく、そんな発想の転換が必要です。

表④ 各国の公的扶助利用率・捕捉率の比較（2010年）

	日本	ドイツ	フランス	イギリス	スウェーデン
人口	1億2700万人	8177万人	6503万人	6200万人	942万人
生活保護利用者数	200万人	794万人	372万人	574万人	42万人
利用率	1.6%	9.7%	5.7%	9.27%	4.5%
捕捉率	15.3〜18%	64.6%	91.6%	47〜90%	82%

出典：日本弁護士連合会「Q&A 今、ニッポンの生活保護制度はどうなっているの？」2014年

より深く知るために

……… 兵庫県小野市「パチンコ通報条例」の施行とその後

2013年3月27日、兵庫県小野市議会にて「福祉給付制度適正化条例」が可決され、4月1日

から施行されました。この条例は、福祉制度にもとづく生活保護や児童扶養手当などの「公的な給付金」について、その「適正な運用」を行なうために、①不正受給を防止すること、②その給付金をパチンコなどのギャンブルに浪費してしまい生活が成り立たなくなってしまうことを防ぐこと、を目的としています。

そして、(1) 要保護者（保護が必要な生活困窮者）を発見した場合、(2) 不正受給の疑いのある受給者を発見した場合、(3) ギャンブル等の浪費で生活が成り立たない受給者を発見した場合、市に情報提供を行なうことを市民の「責務」であると明記しています。

市民の「責務」に対しての罰則規定は設けられてはいませんが、「適正化協議会（専門家の委員会）の設置」や「推進員（警察官OBなど）」を配置し、市民からの情報提供を受ければ疑わしき受給者への「調査」をし、実態を把握したうえで必要ならば指示指導等を行なうとしています。ちなみに、小野市の人口は約5万人で、保護世帯が約120世帯です。

この条例の是非をめぐっては、「監視社会を促進する」「浪費を防ぐために必要だ」など賛否両論でさまざまな議論が起きました。そして実際に「通報」が行なわれたかどうかについて、以下のような調査結果が出ています。

・4月の施行から8月までに市民から寄せられた情報は5件（すべて4月中）
・うち3件は過度の浪費に関する情報、うち2件は生活困窮
・過度の浪費に関して情報が寄せられた3件のうち2件は公的給付の受給者ではなかった

＊2013年8月23日神戸新聞「"生活保護率の低い街"でなぜこの条例が生まれたか『生活保護費でギャンブル禁止条例』のその後」（みわよしこ）

小野市のような小さな自治体で「パチンコ通報条例」が果たして必要だったのでしょうか。そして、あなたの街でこの条例が施行されたら、どんな社会になると思いますか。

 用語解説

●お笑い芸人の生活保護不正受給問題
2012年春、高額所得者のお笑い芸人の母親が生活保護を受給していたことが、まるで不正受給であるかのような報道がなされたことにより、謝罪会見や保護費返還を余儀なくされた。
一連の騒動は、制度や利用者全般に対するバッシング報道を引き起こし、生活保護に対する誤解や偏見を助長する結果となった。

●収入申告
生活保護利用中は、給料の金額、一時的なアルバイトや、仕送り、ネットオークションなどで品物を売った収入なども原則として申告しなければならない。就労収入のうち一定の金額は控除されて手元に残る。15,000円までは全額控除、それ以上は10%の控除。

●ケースワーカーの現状
ケースワーカー1人あたりの受け持ち世帯数は、市部で95.8世帯で標準の80を上回り、ケースワーカーが足りていない状況が明らかである。（2012年厚生労働省社会・援護局保護課調べ）

●漏給
本来なら生活保護を支給されるべき人が、制度利用にいたらずに支給がなされないこと。日本の場合、捕捉率が20%とすると、80%の人は漏給の状態にあるといえる。

●スティグマ
他者や社会集団によって、個人やある属性に対して押しつけられた負の烙印（レッテル）。押しつけられた側には不名誉や屈辱の感情をもたらす他、社会のなかにその人（たち）への差別的感情をもたらす。

WORK 01 やってみよう！ 生活保護の申請をロールプレイで体験しよう！

2人1組になって、生活保護の申請場面を再現してみましょう。1人が生活保護の申請者、もう1人が窓口の担当職員になります。

担当職員：あらゆる手段を使って追い返そう。

「働ける人は働いてもらうことになっています」

「申請してもあなたは該当していないので受理できません」

「今日はもう受け付けを終わりました」

「住所不定の人は申請できません」

「必要な書類を持ってこないと申請できません」

申請者：水際作戦にあっても切り抜けよう。

「生活に困っていればだれでも申請できます」

「申請を受理して、決定か却下かを書面でください」

「申請書をおいて帰りますので後日必ず連絡をください」

WORK 02 生活保護のお金で遊んでもいいの?

💬 みんなで話そう!

生活保護制度では、食費など生活に必要な費用が現金で支給されますが、その使いみちは本人にまかされています。生活保護費のなかから生活に支障のない範囲で遊興費を支出することは認められています。

では、次のものに使うことはいいと思いますか? AとB、2つのグループにわかれて議論してみましょう。

A	B
生活保護のお金でパチンコなどの遊興をしてしまうのはダメ	支給されたお金のなかでやりくりする分には問題ない

	ダメ	問題ない
パチンコ		
お酒		
たばこ		
遊園地		
ゲーム		
コンサート		
旅行		
趣味のコレクション		

WORK 03 生活保護は恥ずかしい？

みんなで話そう！

もしあなたが生活保護を利用することになったら、恥ずかしいと思いますか。それとも、権利であり恥ずかしいことではないと思いますか？　恥ずかしいと思うのであれば、その理由はなんでしょうか？　議論してみましょう。

　　　　　　　恥ずかしい　　　　　　　権利であり恥ずかしくない

恥ずかしい理由

………………………………………………………………………………………………
………………………………………………………………………………………………
………………………………………………………………………………………………
………………………………………………………………………………………………
………………………………………………………………………………………………

より深く学べる資料

『健康で文化的な最低限度の生活①〜④』柏木ハルコ、小学館、2014年〜（連載中）
『間違いだらけの生活保護バッシング──Q&Aでわかる　生活保護の誤解と利用者の実像』生活保護問題対策全国会議編、明石書店、2012年
『「餓死・孤立死」の頻発を見よ！──徹底調査 生活保護バッシングで隠された真実』全国「餓死」「孤立死」問題調査団編、あけび書房、2012年
『ひとりも殺させない──それでも生活保護を否定しますか』藤田孝典、堀之内出版、2013年

CHAPTER 08 女性やマイノリティは貧困におちいりやすいの？

学習のねらい
○女性の貧困の現状を知る
○ＤＶについて考える
○マイノリティがより貧困におちいりやすい現状を知る

貧困は男性と女性でなにかちがいがあるの？

これだけは知っておきたいキホンの「キ」

……… マイノリティは貧困におちいりやすい？

　近年、「女性の貧困」という問題がメディアでも取りざたされることが増えてきました。2014年1月27日NHKで放送された「クローズアップ現代——あしたが見えない　深刻化する"若年女性"の貧困」という番組では、性風俗で働く貧困状態の女性にスポットライトがあてられました。託児所と提携した風俗店の存在など、性産業が結果的に公的なセーフティネットよりも彼女たちを支えている現実と、そこで働く女性たちの姿を描き、社会に大きなインパクトを与えました。

　女性や傷病・障がいをもつ人などは、一般的に貧困におちいりやすいといわれています（CHAPTER11参照）。その理由は、「正規雇用」による経済的な自立がむずかしいこと、そして社会保障のしくみが生活を支えるには不十分であることなどがあげられます（CHAPTER05参照）。

……… 「雇用」における男女差

　非正規労働と正規労働の割合を男女で比較して見てみると（図①）、1985年から2015年で、男性の非正規労働者は7.4%から21.9%へ、女性の非正規労働者は32.1%から56.3%に増加しています。もともと女性はパート労働などが多く、非正規労働率が高い傾向がありましたが、2005年以降では働く女性の半数以上が非正規労働者という驚くべき数字になっています。

　また、図②「平均給与所得年次推移男女比較」を見ても、1996年から2012年で男性の平均給与所得は569万円から502万円へ減少していますが、女性は276万円から268万円とほぼ変わりなく、女性は低所得状態が固定化していることがよくわかります。1985年に男女雇用機会均等法、1999年には男女共同参画社会基本法が成立するなど、さまざまな取り組みがなされて

図① 正規雇用と非正規労働者の推移

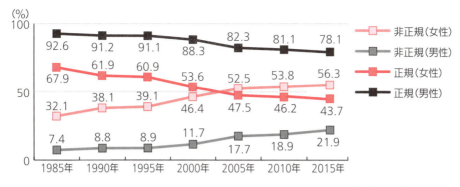

出典：総務省「労働力調査」

図② 平均給与所得年次推移男女比較（単位：万円）

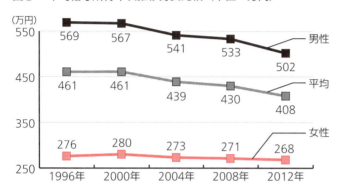

出典：総務省「労働力調査」

きてはいますが、図②からは、女性がおかれている雇用状況の厳しさがはっきりとあらわれています。

…… DV（ドメスティックバイオレンス）ってなに？

　女性の貧困について考えるとき、その背景にDV（ドメスティックバイオレンス）の問題があることを忘れてはいけません。DVとは、おもに夫婦やカップル間での暴力のことです。

　これらはときに男はこうあるべき、女はこうあるべきというジェンダー規範によってその問題点が隠れてしまいがちです。しかし、近年、そういったジェンダー規範によって引き起こされる暴力や価値観の押し付けなどは、個々の関係性の問題ではなく、社会的な問題であり、個人の（とくに女性の）権利侵害であるという認識が広まり、2001年にDV防止法（配偶者からの暴力の防止及び被害者の保護等に関する法律）が成立しました。

　DVを受けても、被害者側が経済的に自立していないと、そこから逃げ出したくても逃げ出せないという状況におちいってしまう恐れがあります。またDV被害から逃れようとすると、被害者側が引っ越しをしなくてはいけないケースが多く、その結果、仕事を辞めざるを得なくなったり、人間関係や経済的な基盤を失ってしまったりということが起こります。しかし、それに対す

る社会のサポートは不十分です。

　DVなど暴力の問題は女性だけではなく、子どもや障がいのある人、高齢者などの弱い立場の人に及ぶことが多く、児童虐待防止法、障害者虐待防止法、高齢者虐待防止法など、さまざまな施策が整えられつつあります。それだけマイノリティの人が社会のなかで暴力を受けやすいということを示しているといえますが、女性と同様経済的な自立がむずかしいため、望まないにもかかわらず家族のもとにとどまったり、関係を維持せざるを得ない人が少なくありません。

　女性や、傷病・障がいのある人などマイノリティの立場の人が、男性や健康な人と同等に仕事につくことができ、必要な社会保障制度によって支えられながら生きることができる、一人ひとりが生きやすい社会を構築していく必要があります。

セクシュアルマイノリティと貧困

　みなさんは、自分のセクシュアリティについて考えたことはありますか？

　私たちの社会には、男性や女性だけではない多様なセクシュアリティの人びとが存在しています。LGBT（レズビアン、ゲイ、バイセクシュアル、トランスジェンダー）など、多様な性をもつ人のことをセクシュアルマイノリティといいます。身体的には男性だけれども自認する性は女性だ、同性を好きになる、自分の性別に違和感があるなど、ひと言でセクシュアルマイノリティといっても感じ方は人それぞれです。

　セクシュアルマイノリティの人は、自分のセクシュアリティを周囲の人に打ち明けられない、理解してもらえていない、いじめにあうなど、会社・学校・地域で、そして場合によっては家庭のなかで生きづらさを抱えていたり、孤立したりしてしまうことが多くあります。

　男性用・女性用しかない職場のトイレでどちらに入っていいかわからない、自認する性と違う制服を着なければならない、同性のパートナーと生活しているため会社の福利厚生を利用できないなど、暮らしのなかで本来利用できるサービスやあたりまえのように享受できる環境を得られないこともあります。また、家族や周囲からの理解を得られないことにより孤立してしまったり、セクシュアリティによる悩みなどからメンタルヘルスが悪くなってしまったりして医療的な支援が必要な人もいます。

　このように、セクシュアルマイノリティの人は、家庭で、学校で、職場で、さまざまな困難さをともないやすいといえます。学校でいじめを受け不登校になって学業を修められなかったり、職場で性についての嫌がらせやトラブルを抱えて働き続けることができなくなったり、家族の理解を得られず疎遠になってしまったり……。困ったときに頼れる人やもの、つまり「溜め」が少なく、かつ失われやすいのです。

　また、セクシュアルマイノリティの人は公的な支援からこぼれやすいという課題もあります。緊急的に利用できるシェルターの大半が男性用・女性用と明確に定められていたり、個室でなかったりなど、セクシュアルマイノリティの人が利用しづらいのが現状です。そもそも、初めて会う役所の担当者に対して自分のセクシュアリティをオープンに（カミングアウト・カムアウトと

もいう）するというハードルを越えないと、支援にたどりつけないという問題もあります。

　たとえば、「性別に関係なくプライバシーの守られたシェルター」は、セクシュアルマイノリティの人だけでなく、男性にも女性にも、すべての人にとって安全・安心な環境です。また、公的な窓口の相談員や担当者、学校や職場など、さまざまな機関や人びとが多様な性を理解し、尊重することができれば、それはセクシュアルマイノリティの人のみならず、すべての人の多様な生を大切にすることにつながります。そしてそれぞれの社会のなかでの課題解決には共通項が多いのです。

より深く知るために

外国人と生活保護

　在留資格「永住者」を有する大分市に住む外国人が、生活保護法にもとづく生活保護の申請をしたところ、大分市福祉事務所長から申請を却下する旨の処分を受けました。その処分の取り消し等を求めた裁判について、2014年7月18日、最高裁第二小法廷（千葉勝美裁判長）は、これを認めた福岡高等裁判所の判決を破棄し、外国人の場合は生活保護法にもとづく生活保護の受給権を有しないとの判断をくだしました。

　この判断を受けて、外国人の生活保護はすぐさまやめるべきだ、となるかというとそうではありません。これまでも現在も、外国人は生活保護法にもとづく保護を利用することができません。生活保護制度は憲法25条を根拠にしている法律ですが、あくまで国民が対象で、外国人は含まれません。しかし、外国籍で生活保護を利用している人は、全国で約4.3万世帯（2011年）にのぼります。どういうことでしょうか。

　外国人に関しては、最高裁の判断にあるように、生活保護法にもとづく生活保護は適用されません。しかし、永住者や、日本人を配偶者にもつ人、定住者、特別永住者や難民などの場合は、必要に応じて生活保護に準じた保護を行政措置として行なう、とされています。ですので、外国人の場合は、あくまで行政措置であるという違いはありますが、支援の実態としては、生活保護と変わらない支援を事実上受けることができます。彼らに、本来の権利としての生活保護を適用するか、あくまで行政措置としての生活保護にとどめるのか、それとも、生活保護自体から排除してしまうのか。あなたは、どうあるべきだと思いますか？

用語解説

●マイノリティ
社会的少数者とも呼ばれ、社会のなかで、その属性が少数派である個人や集団のことを指す。社会のなかで、偏見や差別の対象になりやすい。また、社会制度が、多数派に合わせて設計されているために損失をこうむりやすい。

●パート労働
CHAPTER03の用語解説を参照。

●男女雇用機会均等法
職場における男女差別を禁止した法律。募集・採用・昇給・昇進・退職・解雇などにおいて性別を理由とする差別を禁じた。その後、婚姻、妊娠・出産などを理由とする差別の禁止や、セクシュアルハラスメント防止なども盛り込まれた。

●DV
DVには以下のものが含まれる。
・身体的暴力（殴る、蹴る、たたく、物を投げるなど）
・精神的暴力（暴言、脅迫、無視、嫌がらせなど）
・性的暴力（性的な嫌がらせ、性的な行為を強要する、避妊をしないなど）
・経済的暴力（必要なお金を渡さない、お金をせびるなど）
・社会的隔離（他の人と会うことを嫌がる、出かけることを嫌がる、外出先や電話の相手をチェックするなど）

●ジェンダー
生物学的な性差をセックスと呼ぶのに対して、社会的、文化的に形成された性のありようをジェンダーと呼ぶ。社会のなかで女はこう、男はこうとされる役割、習慣、態度、服装などがそれで、時代・文化・地域などによりそれぞれ異なる。

●ひとり親家庭の就労率
厚労省「平成23年度全国母子世帯等調査」によると、母子世帯の就労率は80.6％と非常に高くなっている。しかし、平均の年間就労収入は181万円であり、低所得の母子世帯が圧倒的に多いことがわかる。OECD「Babies and Bosses」（2005年）によれば、OECD諸国のひとり親家庭の平均就労率は70.6％であり、日本の母子世帯の就労率はもっとも高くなっている。

●性別役割分業
性別によって役割や労働に相違があること、またはそれを前提とした社会制度のこと。

●性自認
「自分は男性／女性である」という自己認識のこと。自分が自身の性別をどのように認識しているのかを判断基準とするため、「こころの性」と呼ぶこともある。

●性別違和
性自認（こころの性）と生物学的な性（からだの性）が一致せず、違和感をもつこと。

WORK 01 やってみよう！ 女の子は料理ができてあたりまえ？

日常生活でのちょっとした言葉や行動のなかに、女性は○○、男性は××といった表現が含まれていることがあります。どのような表現があるでしょうか。

（例）「女の子は料理ができてあたりまえ」
　　　「男の子は泣いてはいけません」
　　　「女子力が高い」
　　　「男らしくてカッコイイ」

WORK 02 やってみよう！ どこまでが「愛」？

もし、彼氏（彼女）に以下のようなことをいわれたり、されたりしたらどう思いますか？　また、そのときどのように対応しますか？
みなさんは、どこまでが愛で、どこからが束縛、そして支配だと思いますか？　用語解説の「DV」の項を見ながら、DVに当てはまるかどうかも考えてみましょう。

- 自分以外の異性と会うのをやめてほしい
- 休日は自分とのデートのために必ず空けておいてほしい
- 買い物や食事の代金をいつも自分が払わされる
- メールの返信をしないと怒られる
- 別れたいといったらビンタされた

不安なことや気になることがあれば、地域の女性センターや配偶者暴力相談支援センターに相談してみて

＊相談機関　http://www.gender.go.jp/policy/no_violence/e-vaw/soudankikan/06.html

WORK 03 💬みんなで話そう！ シングルマザーの子育てと仕事

日本では多くのシングルマザーが働いていますが、就労収入の平均金額は高くはなく、ダブルワークやトリプルワークをしても生活が成り立たない人も多くいます。
AとB、2つのグループにわかれて議論してみましょう。

A	B
ダブルワーク、トリプルワークをしてでも、自分の力で働いて得た収入で子どもを育てていくべきだ。	無理して働くのではなく、子どもと過ごす時間も大切にしながら、社会保障給付によって生活が成り立つようにするべきだ。

WORK 04 セクシュアリティについて考えよう
💬 みんなで話そう！

現在の制度や社会のしくみにおいては、男性・女性という大きな枠で区切られることが多く、苦しい思いをしている人や自分のセクシュアリティを隠さざるを得ない人も多くいます。

次のテーマで多様なセクシュアリティの視点から話し合ってみましょう。たとえば、以下のような男女でわかれているシチュエーションで、セクシュアルマイノリティの人もみんなが気持ちよく過ごせるようにするためにはなにができるか話し合ってみましょう。

	対応方法
制服	
トイレ	
更衣室	
体育	

より深く学べる資料

『ひとり親家庭』赤石千衣子、岩波新書、2014年

『レンアイ、基本のキ──好きになったらなんでもOK？』打越さく良、岩波ジュニア新書、2015年

『先生と親のためのLGBTガイド──もしあなたがカミングアウトされたなら』遠藤まめた、合同出版、2016年

『DV（ドメスティック　バイオレンス）』海里真弓、講談社コミックプラス、2003年

『女性ホームレスとして生きる──貧困と排除の社会学』丸山里美、世界思想社、2013年

『シングルマザーの貧困』水無田気流、光文社新書、2014年

『失職女子。──私がリストラされてから、生活保護を受給するまで』大和彩、WAVE出版、2014年

CHAPTER 09 子どもの貧困ってなに？

学習のねらい
○子どもの貧困について考える
○貧困が子どもにおよぼす影響について知る
○所得の再分配が機能していない現状について考える

子どもが
ひんこん状態って
どういうこと？

これだけは知っておきたいキホンの「キ」

広がる子どもの貧困

　現在、日本社会は超少子高齢化をむかえています（図①）。1950年には全人口に占める20歳未満の人の割合は45.7％でしたが、2012年には17.7％と減少しています。また、同じく、1950年には65歳以上の高齢者は20人に1人でしたが、2012年では4人に1人となっています。そんななか、子どもの貧困率は2012年で16.3％と、近年上昇を続けています（CHAPTER01参照）。

　住む家がない、ごはんをまったく食べられない、服もボロボロといった状況におかれている子どもは、親の育児放棄や虐待にもあたり、日本ではけっして多いわけではありません。しかし、

図①　日本の人口動態

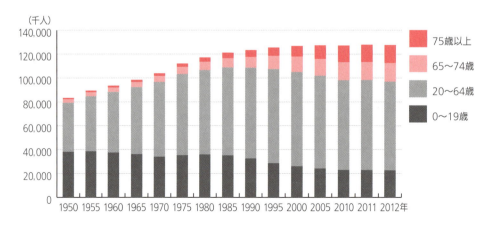

出典：総務省統計局『国勢調査報告』（各年10月1日現在）

病気やけがをしても病院にいけず保健室の応急手当でなんとかする、給食費や修学旅行代を払えない、風呂に毎日入ることができずいじめられてしまうといった子どもが増えている実態が、近年明らかになっています。

貧困の連鎖を防ぐには？

これらの貧困状態にある人への支援として、CHAPTER05で見てきたようなさまざまな社会保障制度が存在します。しかし、社会保障制度は年金や医療、介護など、どちらかといえば子どもよりも高齢者などへの支援が多く、日本社会は子どもへの再分配機能が低いといわれています。

図②を見ると、先進諸国のなかで日本だけが再分配後に逆に貧困率が上がっていることがわかります。子どもへの支援があまりにも不足している実態を端的にあらわしているといえるでしょう。

また、生活保護を利用している世帯の世帯主のうち約25％（母子世帯においては約41％）が子ども時代に生活保護世帯で育っていることが明らかになるなど、貧困が次の世代に連鎖している状況や、貧困におちいった人がそのまま貧困の状態に固定化されている状況が浮き彫りになりました（関西国際大学・道中隆教授による2007年の某市での調査研究結果による）。

図② 所得再分配後の子どもの貧困率

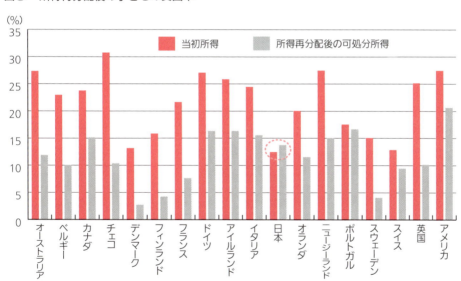

出典：2011年版厚生労働白書、「Growing Unequal?（OECD、2008）」

日本の教育費の国際比較

「図表でみる教育2014（OECD）」という統計によれば、日本は諸外国に比べてGDPに対する教育支出総額の比率は小さくなっています。たとえば、「初等中等教育及び高等教育以外の中等後教育に対する公私支出」（いわゆる就学に関する公的私的な支出）を見ると、日本のGDP比で2.9％で、OECD平均の3.9％と比べ著しく少ない数字であり、加盟37カ国中下から5番目の

図③　大学の授業料の推移

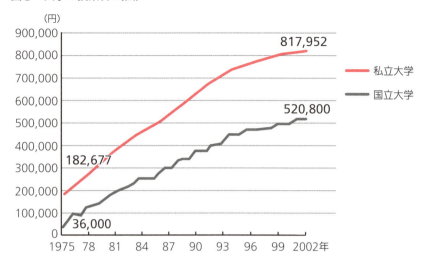

出典：文部科学省 国立大学と私立大学の授業料等の推移

数字です。

また、教育に対する「公財政支出」のGDP比も、日本はGDP比2.7％ですが、OECD平均はGDP比3.6％です。これは日本の高いGDPや学齢人口の減少を一部反映しているともいわれますが、教育への公的な支出が少ない分、個々人が、各家族がそれを支えている実態が浮かびます。OECDの同調査によれば、日本では公的な貸付や奨学金／給与補助の恩恵を受けている学生は40％にすぎないとされ、多くの学生は家族からの援助やアルバイト、民間の貸付（ローン）によって、学費をまかなっていることがわかります。

図③は大学の授業料の推移をあらわしたものです。

1975年は、国立大学の年間の授業料が3万6,000円で、私立大学は18万2,672円でした。しかし、2002年には、国立大学は52万800円、私立大学は81万7,952円と、この間、急速に学費が高くなっています。

つまり、この40年間で教育に関する公的な負担はどんどん減少し、その分を個々人、各家族に担わせている状況をあらわしています。そして、この差額を貸与型奨学金という事実上の借金で負担したり、アルバイト等で捻出する学生が増加しているのです。

……… 政府の子どもの貧困への方針は？

2013年国会で「子どもの貧困対策の推進に関する法律」が全会一致で成立しました。国として、子どもの将来が生まれ育った環境によって左右されることのないよう、貧困の状況にある子どもが健やかに育成されるための環境整備、教育の機会の均等などを目指すという方向性が示されたことは非常に大きな前進といえます。

それを受け2014年8月29日に閣議決定された「子どもの貧困対策に関する大綱」を見ると、具体的な支援の方策としては、就学支援や学習支援、親への就労支援などがあげられています。

しかし、残念ながら、低所得家庭など必要な人への給付型の支援についてはとくに記載されていません。また、子どもの貧困率削減の数値目標については記載が見送られるなど、対策としては不十分なものとなっています。

6人に1人の子どもが貧困状態にあるということは、30人のクラスで5人の子どもが生まれながらに大きなハンディを背負ってしまっていることを意味します。子どもたちが夢や希望をもって学び育っていくことができる社会にしていくためには、どのような施策が必要なのでしょうか。

データから考えてみよう

2013年厚労省「国民生活基礎調査」を見ると、母子家庭の貧困状況の深刻さを知ることができます。ひとり親家庭の貧困率は54.6％と相対的貧困率の16.1％と比べてもずば抜けて高いことが明らかになりました。また各種世帯のうち、「母子世帯」では95.9％（「母子世帯」ではない「児童のいる世帯」は41.5％）が平均所得金額以下で生活していることがわかります。

「貯蓄がない／50万円未満」と答えた人は全体で20.9％に対して母子世帯では49.2％、生活意識についての回答では「生活が大変苦しい」「生活が苦しい」と答えた人は母子世帯で84.8％と、厳しい家計の状況がうかがえます。

また、母子家庭の81％、父子家庭の91％が就労しており（2011年度全国母子世帯等調査）、日本は先進諸国と比べてもひとり親家庭の親の就労率が高いにもかかわらず、貧困率もきわめて高い状況となっています。児童扶養手当などの公的な支援はあるものの、必ずしも十分な金額ではなく、公的な支援が満足に行き届いていない実態を浮き彫りにしています。ひとりで働きながら子育てをする。それだけでもとても大変なことですが、さらに貧困が追い打ちをかけています。

より深く知るために

社会的養護の現状と貧困

現在の日本社会には、保護者のいない子どもや虐待を受けている子どもを公的な責任において守るためのしくみとして、「社会的養護」というものがあります。対象者は約46,000人います（2014年厚生労働省「社会的養護の現状について」）。

内訳は、里親に養育されている子どもが約5,000人、児童養護施設に入所している子どもが約28,000人、乳児院や母子生活支援施設入所者が約9,000人となっています。社会的養護にいたる背景はさまざまですが、虐待や両親の離婚、死別などが多く、その原因として経済的な理由も大きいと考えられます。

また近年児童養護施設においては、障がい（身体・知的・精神など）をもっている子どもが増加しており、1987年には8.3％だったものが、2008年には23.4％と急増しています。

2000年には「児童虐待の防止等に関する法律」が成立し、子どもの虐待の問題に対してもさまざまな取り組みが行なわれてきました。しかし、全国の児童相談所によせられる児童虐待の相談件数は、2002年に約24,000件だったものが、2012年には約67,000件と急増しています。この数字は単純に児童虐待が増加したというよりは、これまで明らかになっていなかった虐待の問題が表面化するようになったという面が大きく、この数字もまだまだ氷山の一角であると考えられています。

　さらに、児童養護施設や養育家庭を出た後、住まいや就労、人間関係などにおいて、さまざまな困難を抱えがちであることや、支援が十分でない実態もわかってきています。

　子どもがそのスタートラインで不利益をこうむらないためにも、社会的養護の質・量の拡充、そして経済的な困窮が家族の不和や離散に直結しないような社会全体としての取り組みが求められています。

❓ 用語解説

●少子高齢化
65歳以上の人口が総人口に占める割合（高齢化率）が21％以上である社会を「超高齢社会」と呼ぶ。
少子化は、総人口に占める子どもの割合が低下すること。少子高齢化は、少子化と高齢化が同時に進行している状態を指す。

●子どもの虐待
児童虐待防止法（児童虐待の防止等に関する法律）では、虐待を以下の4つに大別している。
身体的虐待：殴る蹴るなどの暴行を加えること
心理的虐待：暴言・どう喝、無視、存在を否定したり自尊心を踏みにじるような言動をとること
性的虐待：児童にわいせつな行為をしたりさせたりすること
ネグレクト（育児放棄）：食事を与えない、病院を受診させない、服を着替えさせないなど、必要な世話を怠ること

●いじめと貧困
貧困が原因でいじめの対象になることもあれば、深刻ないじめが、不登校やうつなどの精神疾患を引き起こし、結果として貧困に結びついてしまうこともある。

●所得再分配
CHAPTER01の用語解説を参照。

●貧困の世代間連鎖
親の経済状況によって、子どもの受けられる教育機会が制限され、進学や就職で不利になり、低収入で不安定な仕事にしかつけず、その子どももまた教育機会が制限され……というように、親、子、孫と世代間にわたって貧困が連鎖すること。

●給付型支援
たとえば返済が不要な給付型奨学金など。給付型でなく、貸付であった場合は、学校を卒業したとたんに奨学金が大きな借金となってのしかかってくる。

●ひとり親家庭の就労率
アメリカ（73.8％）
イギリス（56.2％）
フランス（70.1％）
イタリア（78.0％）
オランダ（56.9％）
ドイツ（62.0％）
OECD平均（70.6％）
＊OECD「Babies and Bosses」（2005年）より

●就学援助
経済的に困窮している家庭に対し、子どもの学用品費、通学費、修学旅行費、クラブ活動費、学校給食費などの費用の一部を国や地方自治体が援助する制度。

WORK 01 🏠 やってみよう！ 教育にかかるお金ってどれくらい？

以下の表は生まれてから社会に出るまでにどのくらいの費用がかかるかの概算をまとめたものです。大人になるまでにはどのくらいお金がかかるのでしょうか。みなさんはいくらかかりますか？ または、いくらかかる予定ですか？ 計算してみましょう。

大学卒業までにかかる基本的養育費	
（子ども1人あたり）	
出産・育児費用	約89万円
22年間の食費	約702万円
22年間の衣料費	約159万円
22年間の保健医療・理容美容費	約173万円
22年間のお小遣い代	約469万円
子どもの私的所有物代	約88万円
合　計	約1680万円

私立・公立別教育費		
幼稚園 2年間	公立	約64万円
	私立	約124万円
小学校 6年間	公立	約276万円
	私立	約777万円
中学校 3年間	公立	約196万円
	私立	約396万円
高校 3年間	公立	約190万円
	私立	約424万円
大学 4年間	国立	約453万円
	私立文系	約549万円
	私立理系	約650万円
	私立医・理系	約2900万円

```
　基本的養育費　（1680）万円
＋　幼稚園　（　　　　　）万円
＋　小学校　（　　　　　）万円
＋　中学校　（　　　　　）万円
＋　高　校　（　　　　　）万円
＋　大　学　（　　　　　）万円
＝　合　計　　　　　　　　万円
```

公立中学校に通う子どもの学習塾の費用は、平均で年間17万5,222円（2012年）という数字が出てるのよ*

＊AIU現代子育て経済考2001より

WORK 02 大学の学費と生活費
💬 みんなで話そう！

あなたが4年制大学へ進学し、実家からではなくアパートを借りて通う場合、仕送り・アルバイト収入・奨学金がそれぞれいくらあれば、学費と生活費、家賃がまかなえるでしょうか。大学がどの都道府県のどの自治体にあるかによって家賃や生活費などの金額は違ってきます。

また、もし貸与型の奨学金を活用する場合、4年間でいくらの借金を背負うことになるでしょう。奨学金の返済は、通常なん年もかけて行なわれます。その間に利子が発生するので、利率や返済期間の長短によって、実際借りた金額よりもかなり多い金額を返済しなければなりません。

支出と収入をそれぞれ調べ、計算してみましょう。

支 出	
学費（1カ月あたり）	円
1カ月の生活費	円
1カ月の家賃	円
合　計	円

収 入	
仕送り	円
アルバイト収入	円
奨学金	円
合　計	円

4年間奨学金を借りた場合にかかる総額

奨学金1カ月 _____ 円 × 12カ月 × 4年 ＝ _____ 円

大学の学費や家賃相場、アルバイトの時給（各自治体の最低賃金など）などがわかる資料を用意しておこう

WORK 03 みんなで話そう！ 子どもの給食費はだれが払うの？

兵庫県相生市では、2011年より、幼稚園、小学校、中学校の給食費を無料にする取り組みを始めています。子育て世帯の負担をなくしていこうというこのような取り組みは、現在では約50近くの自治体に広がっているといいます。

しかし一方で、相生市が支払う約2,500人の子どもすべての給食費の合計は約1億1,000万円にのぼり、小さな自治体ではかなりの財政負担でもあります。

この政策について、「子どもがいない人が負担するのはおかしい」「高所得の子どもも一律に無料になるのはおかしい」などの反対の声もあります。

みなさんはどう思いますか？　まわりの友人や家族と話してみましょう。

より深く学べる資料

『子どもの貧困』阿部彩、岩波新書、2008年

『子どもの貧困Ⅱ──解決策を考える』阿部彩、岩波新書、2014年

『女子高生の裏社会──「関係性の貧困」に生きる少女たち』仁藤夢乃、光文社新書、2014年

『子どもの最貧国・日本──学力・心身・社会におよぶ諸影響』山野良一、光文社新書、2008年

『子どもに貧困を押しつける国・日本』山野良一、光文社新書、2014年

CHAPTER 10 拡大する高齢者の貧困

学習のねらい
○高齢者の貧困について知る
○高齢者をとりまく社会環境の変化について考える
○高齢者への支援について検討する

年をとっても安心してくらしていける？

これだけは知っておきたいキホンの「キ」

進む少子高齢化

　CHAPTER09でも紹介したように、日本は世界でも有数の少子高齢化社会です。65歳以上の人の人口は、1950年には約20人に1人であったのが、2014年には4人に1人と、大きくその割合を伸ばしています。高齢者の人口自体も3,392万人（2015年10月1日時点）と過去最高となっています。その内訳は、男性1,466万人、女性1,926万人となっています。男女比は約3対4と、平均寿命の違いが影響してか女性の割合が高くなっています。

　また、高齢者人口のうち「65〜74歳人口」は1,752万人（男性832万人、女性1,006万人）で総人口に占める割合は13.8％、「75歳以上人口」は1,641万人（男性635万人、女性979万人）で総人口に占める割合は12.9％です（2015年内閣府高齢社会白書より）。日本社会は世界でも最先端をひた走る未曾有の超高齢社会です。

　2012年1月に国立社会保障・人口問題研究所が公表した「日本の将来推計人口」における出生中位・死亡中位推計結果によれば、日本の総人口は減少を続け、2048年には9,913万人に、2060年には8,674万人になると推計されています。総人口は減少を続けるものの高齢者の人口は増え続け、2035年には高齢者の割合は33.4％で3人に1人が高齢者となり、2042年以降に高齢者人口が減少に転じたあとも高齢化率は上昇を続け、2060年には39.9％に達して、国民の約2.5人に1人が65歳以上の高齢者となるといわれています。

　近年、存続が危ぶまれる自治体を指す「消滅可能性都市」という言葉が取り上げられるなど、少子高齢化と人口減少は、日本社会に大きくのしかかる喫緊の課題なのです。

······· 低年金高齢者の実態

　高齢になると、ほとんどの場合では働くことがむずかしくなり、貯蓄や家族の扶養、そして、社会保障制度を活用して生計を立てていくことになります。現実には、年金などの社会保障が、その支えとしてもっとも大きなウエイトを占めます。

　しかし、図①の人口推計を見ても明らかなように、「現役世代」が減少してしまうことにより、社会の支え自体が弱くなっていきます。実際に、65歳以上の高齢者人口と15～64歳人口の比率を見てみると、1950年には1人の高齢者に対して12.1人の現役世代がいたのに対して、2015年には高齢者1人に対して現役世代2.3人と大きく減少しています。2060年には、1人の高齢者に対して1.3人の現役世代という比率になるとの予測もあります（「日本の将来推計人口」における出生中位・死亡中位推計結果より）。

　この問題は、けっして将来の課題ではなく、現在進行形で起きている問題です。生活保護の世帯類型別の推移において（CHAPTER06 図②参照）、低年金、無年金の高齢者はすでに増加傾向にあり、生活保護で支えざるを得ない人びとは、今後も増え続けるだろうともいわれています。

　現在、国民年金（老齢基礎年金）のみの人の月額支給金額は、滞納なしの満額でも約65,000円。厚生年金も受給できる人の支給金額は、いわゆる標準世帯（夫が平均的な賃金で40年間サラリーマンとして働き、妻が主婦の想定）で約22万円となっています（2015度版厚生労働白書より）。

　しかし近年、厚生年金の加入要件を満たしていても、加入させてもらえない非正規労働者の存在が明らかになるなど、雇用の変化とともに年金のありようも変化しています（CHAPTER03参照）。

　2014年度厚生年金保険・国民年金事業の概況によれば、国民年金の老齢年金の受給月額が、3万円未満の人が約159万人、3万円以上～4万円未満の人が約352万人、4万円以上～5万円未

図①「年齢区分別将来人口推計」

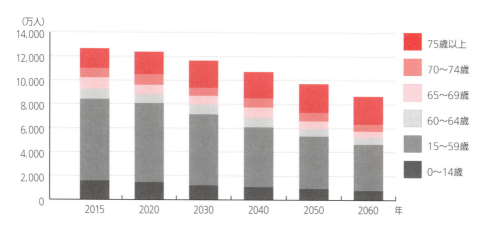

出典：国立社会保障・人口問題研究所
「日本の将来推計人口（平成24年1月推計）」の出生中位・死亡中位仮定による推計結果

満の人が約445万人となっており、低年金の人が拡大している状況が見てとれます。

また、保険料の納付状況を見ても約60％とけっして高い数字とはいえません。2014年国民年金被保険者実態調査によれば、国民年金保険料を納付していない人の、納付しない理由は、「保険料が高く、経済的に支払うのが困難」が71.9％ともっとも高くなっています。こういった傾向は今後ますます拡大することも予測されており、早期の対策が求められています。

医療や介護を社会的にどう支える？

高齢になると、医療や介護が必要になることも増えていきます。実際に高齢化の影響を受けて、近年、医療費は増加を続けています。

2015年版厚生労働白書によれば、2000年に30.1兆円（うち後期高齢医療費は11.2兆円）だった医療費は、2013年には40.1兆円（うち後期高齢医療費は14.2兆円）。対国民所得比でみると8.0％（2000年）から11.2％（2012年）に増えています（図②）。

介護についても、総費用が2000年は3兆6,273億円だったのが、2015年（予算の段階）では、10兆1,110億円と、年々増加しています。そして、2014年の段階で要支援と認定された人は163万人、要介護と認定された人は423万人と毎年過去最多を更新しており、支援や介護を必要とする人も年々増加していることがわかります。

しかし、現在は財政制約という名のもとに、医療、介護もまた、家族で担うことや、費用負担

図② 介護の総費用の推移

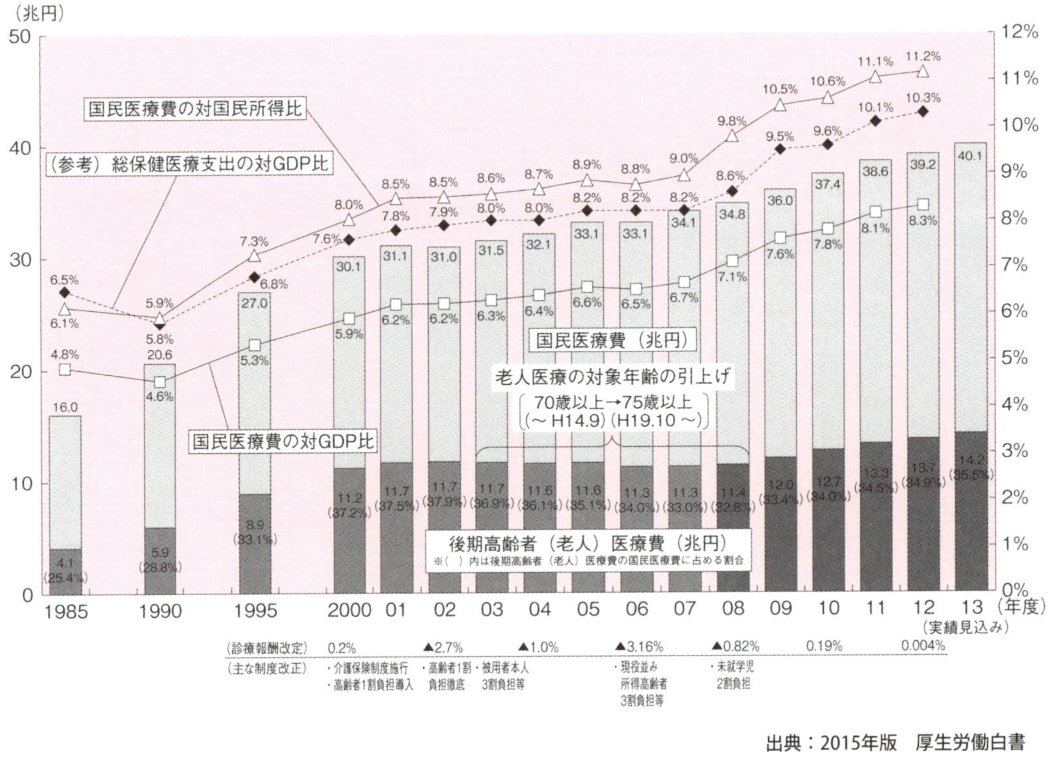

出典：2015年版　厚生労働白書

をより個人に求めていくことが議論されています。一方、医療や介護を必要としている人をよりしっかりと支援していくという意味では、現在の予算も必ずしも十分ではないという考え方もあります。

だれもが医療や介護を必要をするときがやってきます。この問題を社会的にどう担保していったらいいのか、深刻な課題として考えていかなければなりません。

データから考えてみよう

……介護離職をなくすためには？

近年、家族の介護を理由に仕事を辞めざるを得なくなってしまう「介護離職」が問題化しています。過去5年間に介護・看護のため前職を離職した者は48.7万人（総務省、2013年）。年間10万人単位で、介護のために職を失っています。

介護離職が起こる背景には、介護保険等のサービスが制度化されたにもかかわらず、実際には、まだまだ家族がその多くを担わざるを得ない状況があります。

2011年の総務省「社会生活基本調査」によると、15歳以上でふだん家族を介護している人（以下「介護者」という）は682.9万人となっています。そのうち、女性は415.4万人、男性は267.5万人で、女性が男性に比べ147.9万人多くなっており、家族のなかで女性が介護を多く

図③　要介護度別にみた同居の主な介護者の介護時間の構成割合

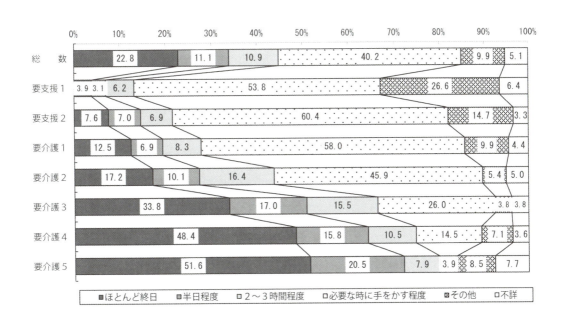

出典：厚生労働省「国民生活基礎調査」（2010年）
＊「総数」には要介護度不詳を含む。

担っている実態がわかります。年齢階級別に見ると、女性は、50～59歳が127.9万人ともっとも多く、次いで60～69歳の104.3万人。男性は、60～69歳が77.8万人ともっとも多く、次いで50～59歳の70.9万人となっています。

介護者の構成比を見ると、女性は、50～59歳で30.8％、60～69歳で25.1％、70歳以上で16.6％となっており、男性は、60～69歳で29.1％、50～59歳で26.5％、70歳以上で19.3％となっています。男女とも50歳以上の人の占める割合が高くなっています。

また、家族等の同居中の介護者の介護時間を見ると、「必要なときに手をかす程度」が40.2％ともっとも多い一方で、「ほとんど終日」という人が22.8％にのぼっています（2010年厚労省「国民生活基礎調査」）。

また、前ページの図③を見るとわかるように介護度があがるほど、家族が介護に費やす時間は増加し、要介護5の場合、51.6％が「ほとんど終日」と回答しています。

中高年層にさしかかった子どもが、親の介護のために仕事を辞めてしまう。そして、再就職の際には年齢が大きなハードルになってなかなか仕事を得ることができない。そんな実態が明らかになっています。

より深く知るために

シルバーデモクラシーって本当？

「シルバーデモクラシー」という言葉を知っていますか？

高齢化をむかえ、有権者に高齢者が多くなると、高齢者向けの政策が優先されていくということを意味した言葉です。また一般的に、働いている人や子育て中の若年層の投票率よりも、高齢者の投票率のほうが高いこともあり、高齢者の民意が反映されやすい、などともいわれます。たとえば、2015年の12月には、安倍政権が高齢者に3万円の「臨時給付」を行なうと発表し、選挙対策だといった批判の声もありました。ただし統計的には、シルバーデモクラシーのような世代間の格差や政治へ声が反映されやすいといった事実は明らかになっていません。

一方、2012年の国民生活基礎調査によれば、65歳以上の高齢者の相対的貧困率は約19％、それに対して15～24歳の若者の相対的貧困率も同じく19％となっています。年金生活の高齢者と、これからの未来を担う若者世代の貧困率が変わらないというショッキングな事態が起こっているのです。

高齢者も若者も、どちらも貧困状態におちいりやすく、支援が必要なのであれば、社会的にその解決を目指さなければなりません。高齢者への支援同様、若者への支援も重要課題であり、本来であれば優先順位がつけられることではありません。

人の生命に関する問題に対して、優先順位をつけたり、政策効果を考えて政策を行なうことは、そこからこぼれてしまう人が生命の危機におちいることを容認するのと同じことです。高齢者、

若者といった世代による分断を超えて、「必要な人への支援」を行なっていく必要があります。その際には「必要な人」がいったいだれなのかということをていねいに考えることが求められます。高齢者や若者というように世代によって区分された人びとではなく、所得が不十分な人が支援を必要としているということにしっかり目を向けなくてはなりません。そして、「必要な人への支援」という言葉はなにを意味しているのか、「必要な人」の定義や要件はなにかについて、社会状況や政治状況等の恣意性が介入しないような普遍性をもたせることが重要なのです。

 用 語 解 説

●出生中位・死亡中位推計
将来の出生率及び死亡率の推計を出すには、不確定要素が大きいため、出生率、死亡率それぞれに高位、中位、低位の3つの仮定を設け、合計で3×3＝9とおりの値が推計される。これらをそれぞれ高位推計、中位推計、低位推計と呼ぶ。

●消滅可能性都市
少子化の進行にともなう人口減少によって、存続が困難になると予測されている自治体のこと。民間研究機関の試算では、政令指定都市の行政区を含む全国1,800市区町村のうち、49.8％にあたる896自治体が消滅する可能性が高いという結果が出て話題を呼んだ。

●無年金
年金保険料を納付していても、加入期間が足りず、年金を受け取れないこと。
老齢年金の受給資格を得るには、原則として25年以上の加入期間が必要で、2007年に社会保険庁（当時）が行なった調査では約118万人が無年金者になると推計された。無年金者を減らすため、2017年10月から、受給資格期間が10年に短縮される。

●保険料の納付状況
2015年度の国民年金保険料の納付率は63.4％、前年度と比較すると0.3ポイント増で、4年連続微増となっている。

●介護サービス利用の自己負担額
介護保険で要介護等の認定を受けサービスを利用すると、自己負担は1割。介護度や介護者の状況にもよるが、月に数万円から、多い場合で数十万円かかる。

WORK 01 やってみよう！ 年金だけで生活していける？

あなたが22歳から65歳まで43年間働き、そのあと85歳まで20年間生きるとしたら、老後の生活費はいくら必要でしょうか？　2人世帯で生活すると仮定し、年金だけで暮らせるかどうか、年金だけでは足りないとしたら、いくら足りないか計算してみましょう。

また、年金で足りない分を貯金でまかなうとして、その貯金を貯めるためには、現役時代に、1年間にいくら貯金する必要があるかも計算してみましょう。

厚生年金の年金額（2人分の合計）

1カ月の生活費　**25万**　円（a）　　　年金月額　**20万**　円（c）

20年分の生活費　　　　　　　　　　　20年分の年金受給総額

　（a）×12×20＝_____円（b）　　（c）×12×20＝_____円（d）

　　（b）−（d）＝_____円（不足金額）（e）

　　（e）÷43＝_____円（現役時代に必要な年間貯蓄額）

国民年金の年金額（2人分の合計）

1カ月の生活費　**25万**　円（a）　年金月額　**13万**　円（c）

20年分の生活費　　　　　　　　　　　20年分の年金受給総額

　（a）×12×20＝_____円（b）　　（c）×12×20＝_____円（d）

　　（b）−（d）＝_____円（不足金額）（e）

　　（e）÷43＝_____円（現役時代に必要な年間貯蓄額）

＊答えは108ページ

WORK 02 もし身近な人が介護が必要なったら

やってみよう！ 10分

介護が必要になる状況は、いつ、だれにでも起こりうることです。ある日突然、あなたの親に手厚い介護が必要になったとしたら、あなたはどうしますか？
AとB、どちらかを選択し、以下の論点について考えてみましょう。

A	B
施設入所をすすめる	実家に戻って自分が介護する
どこのどんな施設にするか	自分の仕事をどうするか
すぐ入れるか	親はどう思うか
費用はいくらかかるか	費用はいくらかかるか
親はどう思うか	生活費をどう捻出するか
親戚や近所の人はどう思うか	地域の使えるサービスや介護等の内容はどうなっているか
入所後にどう関わっていくか	

 より深く学べる資料

『老後破産：長寿という悪夢』NHKスペシャル取材班、新潮社、2015年
『ペコロスの母に会いに行く』岡野雄一、西日本新聞社、2012年
『ヘルプマン！ 全27巻』くさか里樹、講談社、2004〜2014年
『下流老人——一億総老後崩壊の衝撃』藤田孝典、朝日新書、2015年

CHAPTER 11
病気や障がいをもつ人と貧困

学習のねらい
○病気や障がいをもつ人の貧困について知る
○病気や障がいをもつ人をとりまく社会環境の変化について考える
○病気や障がいをもつ人への支援について検討する

> 障がいがある人の生活はどうなっているの?

これだけは知っておきたいキホンの「キ」

……… 病気や障がいをもつ人は日本にどれくらいいるの?

　私たちの社会には、病気や障がいをもって生活をしている人がたくさんいます。生まれたときから病気や障がいのある人もいれば、生育過程で、または大人になってから大きな病気になったり、はたまた事故にあって障がいを抱えることになる場合もあります。障害者基本法によれば、障害者とは、「身体障害、知的障害、精神障害（発達障害を含む。）その他の心身の機能の障害がある者であつて、障害及び社会的障壁により継続的に日常生活又は社会生活に相当な制限を受ける状態にあるもの」と定義されています。

　内閣府「障害者白書（2014年）」によれば、日本の障がい者の人口は、身体障がい約394万人、知的障がい約74万人、精神障がい約320万人となっています。ここでは障害者手帳等のなんらかの公的な支援を利用している人を対象としています。複数の障がいをもつ人もいることを考えると単純な合計にはならないものの、日本では3.1％の人が身体障がいを、0.6％の人が知的障がいを、2.5％の人が精神障がいを、全体で約6％の人が障がいをもっていることになります。

　身体障がい者のうち、施設入所者数は7.3万人、知的障がい者では11.9万人、精神障がい者のうち医療機関入院者数は32.3万人です。障がいをもっている人のほとんどが施設や病院ではなく地域のなかで生活しています。この数字はあくまで障害者手帳やそれに準じた公的サービスの利用が認められている人の統計です。実際には、医療機関に適切につながっていない人や、さまざまな法的・経済的等の事情で手帳やサービス利用の更新を行なえず、サービスから断絶してしまった人も多くいると考えられます。

障がい者への金銭的なサポートは？

　病気や障がいによって、日常生活や社会生活に制限を受けてしまうと、就労がむずかしくなる人もいます。障がいをもっている人を支えるための制度として障害年金という制度がありますが、障害基礎年金の額は以下のとおりで（日本年金機構ホームページ、障害者政策委員会資料より）、とうてい年金だけで生活できるような金額ではありません。

・1級　年額975,125円（月額　約81,260円）
・2級　年額780,100円（月額　約65,000円）

　障害基礎年金の受給者数は、障害基礎年金1級は約69.3万人、2級93.9万人であり、障害厚生年金では1級5.4万人、2級15万人、3級10.6万人となっており、障害年金受給世帯の合計は約194万世帯です（2010年度）。国の統計では障がい者全体が約740万人ですから、障害年金の受給世帯数は実態に合っていません。

　また、生活保護受給者のうち障害年金受給者は11万世帯（国立社会保障・人口問題研究所、2011年）で、障害年金では足りない生活費を生活保護で補いながら生活している人が意外と少ないことに驚かされます。

　表①からわかるように、雇用されている障がい者は約45万人となっており、障がい者人口全体からすると非常に少ない数字といえるでしょう。

　障がい者の生活を支えているものが年金でもなく、生活保護でもなく、雇用でもないとすれば、障がい者の多くは「扶養＝家族の援助」によって支えられていると考えられます。本来であれば、一人の市民として、社会保障制度を利用しながら地域のなかで自立して生活していくことが保障されるべきです。しかし現実には、家族から離れて生活することは困難などの理由から、望まぬ環境で生きていかざるを得ない人が少なからず存在しているのです。

表①　雇用障害者数（従業員5人規模以上の規模の事業所）

身体障害者	34万6千人
知的障害者	7万3千人
精神障害者	2万9千人
合計	44万8千人

出典：「障害者雇用実態調査」2008年より

取り残される人びと

　2011年9月11日に、NHK（Eテレ）にて「取り残される障害者」と題した番組が放映されました。この番組のなかで、「東日本大震災で被害にあった障害者数」についてNHKが主要な被災自治体を対象に聞き取り調査を実施しました。総人口に占める全体の死亡率が1.03％であったのに対して、障がい者の死亡率は2.06％と2倍にのぼることが明らかになりました。

ここでいう「障害者」とは、身体障害者手帳、療育手帳（知的障害者対象）、精神障害者保健福祉手帳の所持者とされていて、いわゆる「手帳」をもっていない傷病等を抱えた人は含まれていません。

　また、2012年3月29日には宮城県による調査として「東日本大震災に伴う被害状況等について」（2012年2月28日現在）が発表されました。これによれば、宮城県沿岸部の震災による死亡率は全体で0.8%、障害者手帳所持者は3.5%となりました。

　このように、調査によって差異はあるものの、障がいをもっている人が障がいをもっていない人よりも、約2～4倍以上も多く逃げ遅れ、また、支援からこぼれて亡くなってしまったことがわかってきています。

　傷病、障がいをもつ人びとの多くは、在宅（地域のなか）で生活をしています。日常生活での支援を恒常的に必要としていることはもちろんですが、こういった災害などの事態に見舞われてしまうと、彼ら・彼女らの多くが孤立・困窮し、命の危険にさらされる可能性が高いのです。

　2000年代以降、傷病や障がいをもつ人びとを支援するためのさまざまな法律や施策が徐々に整えられつつありますが、まだまだ十分とはいえません。病気や障がいがある人がない人と比べて、社会的な要因によって生命や生活が危険にさらされやすいという状況に対し、そのリスクを今後どのように減らしていくことができるのか、そして、一人ひとりの困難さに合わせた支援と地域づくりをどのように行なっていくことができるのか、対策が求められています。

データから考えてみよう

……… 高齢化する障がい者

　病気や障がいを抱える人の多くが、在宅（地域のなか）で生活していますが、近年、その高齢化の問題が深刻になっています。在宅で生活している身体障がい者（児）に関しては、65歳以上の人が1970年には約31.4%であったのが、2011年には約68.7%と急増しています（図①）。在宅の知的障がい者（児）、在宅の精神障がい者（児）についても65歳以上の割合が増加しています（図②）。

図① 年齢階層別障がい者数の推移（身体障がい児・者（在宅））

出典：内閣府障害者白書

図② 年齢階層別障がい者数の推移（知的障がい児・者（在宅））

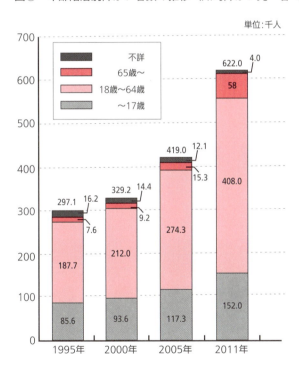

出典：内閣府障害者白書

> より深く知るために

バリアフリーからユニバーサルデザインへ

　みなさんは駅のエレベーターを利用したことがありますか？　おそらくだれもが一度は利用した経験があるのではないでしょうか。高齢者や傷病・障がいのある人、けがをした人、妊娠中の人、ベビーカーを押している人など、日々さまざまな人が利用しています。

　駅のエレベーターは、歩行や階段の昇降が自力ではむずかしい人のための設備です。病気や障がいがある人、高齢者が社会生活を送るうえで、バリア（障壁）となるものを取り外した状態を「バリアフリー」といいます。1970年代ころからバリアフリーの考え方が社会に広まり、多くの駅や公共機関で、エレベーターやスロープなどの設置・整備が進められました。

　バリアフリーは支援を必要とする人のために環境を整えようという考え方で、「ノーマライゼーション」などと表現されることもあります。それに対し、最近よく耳にする「ユニバーサルデザイン」とは、はじめからすべての人にとって過ごしやすい環境を整えることを意味します。支援を必要とする人だけではなく、すべての人が利用でき、その恩恵を享受することができるのです。

　たとえば、CHAPTER08で紹介したシェルターを例にユニバーサルデザインを考えてみましょう。もし、セクシュアルマイノリティの人がホームレス状態になってしまい、男性用／女性用のシェルターしかないときにはどうしたらよいでしょうか。たとえば、心は女性で、身体は男性（MtFトランスジェンダー）の場合、現状の制度では、男性用のシェルターに入ることしか選択肢がありません。自認する性別と異なる人びとのなかで共同生活を強いられることは精神的ストレスとなるでしょう。しかし、シェルターがアパートのような完全個室の形態であれば、セクシュアリティに関係なく利用することができ、さらに個人のプライバシーが保たれることで、すべての人が安心して過ごすことができます。はじめからすべての人にとって過ごしやすい環境を整えることが「ユニバーサルデザイン」なのです。

　特定の人に対して支援を行なったり、制度を整えたりすることは、そうではない多くの人にとって、一見不公平に感じるかもしれません。しかし、長期的な視点で見ると、より弱い立場の人や社会的マイノリティーの人への「合理的配慮」は、私たちの社会全体を豊かにしていくことにつながっているのです。

? 用語解説

●障がいという表記
「障がい」の表記については、さまざまな意見がある。「障害」については、害の字に「害悪」「公害」などの負のイメージが強く、不快に思うといった意見があり、害の字をひらがなにする人がいる一方、「障碍」の表記を採用する人もいる。碍は「妨げ」という意味で、負のイメージが少ないといわれる。本書では「障がい」の表記を採用しているが、他の表記を否定するものではない。

●障害者手帳
障がい者として公的機関に認定を受けることで発行される、障害を証明するための手帳で、この有無で受けられるサービスが異なる。身体障害者手帳、療育手帳、精神障害者保健福祉手帳がある。ただし、知的障がい者に発行される療育手帳は、「愛の手帳」「みどりの手帳」など、自治体によって呼称が異なる場合がある。

●障害年金
国民年金に加入している間に病気やけがで受診し、法令により定められた障害の状態になったとき、障害基礎年金が支給される。厚生年金に加入していて同様の状況になった場合は、さらに障害厚生年金が上乗せさせる。

●障害者総合支援法
地域社会における共生を実現するため、「社会参加の機会の確保及び地域社会における共生、社会的障壁の除去に資するよう、総合的かつ計画的に行われること」を理念に掲げた、障がい者支援のための法律。2013年施行。

WORK 01 やってみよう！ あなたが車いす生活になったら？

もし、あなたが車いす生活になったら、今の環境のまま生活することはできますか？　お風呂やトイレ、通学・通勤など、これまでどおりに過ごすことはむずかしいでしょう。どうしたらこれまでどおりの生活を維持できるのか、実際に家や学校、職場を歩いてみたり、日常の具体的な場面を思い浮かべながら考えてみましょう。

	困難な点	改善策
自　宅		
学　校		
職　場		
地　域		

WORK 02 やってみよう！ 無料低額診療について知ろう

医療保険（健康保険）に入っていなかったり、お金がなかったりして病院を受診することができない人でも、無料または低額で受診することができる「無料低額診療事業」があります。あなたの住んでいる自治体において、無料低額診療を行なっている病院がどこにあるか各都道府県のホームページから調べてみましょう。

名前	所在地

WORK 03 みんなで話そう！ 「優先席」って必要？

5分

電車やバスなどの公共交通機関には、配慮が必要な人向けに「優先席」が設けられています。この優先席について、配慮を必要とする人への"恩恵"だと感じる人もいれば、当然行なうべき支援だと考える人もいるでしょう。一方で、そもそも「優先席」などは必要がなく、みんなが譲り合いの気持ちをもってさえいれば、必要な人が座席を確保できるはずと考える人もいるでしょう。AとB、2つのグループにわかれて議論してみましょう。さらに、「優先席」がなくてもだれも困らない社会にするにはどうしたらよいか、話し合ってみましょう。

A	B
優先席はいる	優先席はいらない

わざわざ「優先席」を設けなくても、配慮を求めている人が困らないようにするにはなにが必要でしょうか。
....
....

より深く学べる資料

『べてるの家の「当事者研究」』浦河べてるの家、医学書院、2005年

『困ってるひと』大野更紗、ポプラ文庫、2012年

『リハビリの夜』熊谷晋一郎、医学書院、2009年

『自閉症の僕が跳びはねる理由──会話のできない中学生がつづる内なる心』東田直樹、エスコアール、2007年

『こんな夜更けにバナナかよ』渡辺一史、北海道新聞社、2003年

『逃げ遅れる人々』（映画）監督：飯田基晴、2012年

『さようならCP』（映画）監督：原一男、1972年

CHAPTER 12 私たちにできること

学習のねらい
○学んだことを自分の行動に生かす方法を考える
○支援団体の活動を知る
○困ったときに相談できる機関を知る

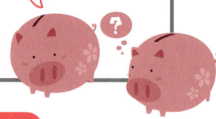

ひんこんをなくすためには
なにができるかな？

これだけは知っておきたいキホンの「キ」

貧困のない社会にしていくために

　これまで、貧困の歴史や現状、人が貧困にいたる背景や、貧困対策として国や自治体がどんなことをしているかなどを学びました。貧困は一人の人間の人生に大きなマイナスの影響を与えるだけでなく、それが子どもの世代に連鎖したり、病気や死においやってしまうことさえあるということを見てきました。

　法律を変える、制度を変える、景気をよくする、雇用を増やす……。自分一人の力ではどうにもならないと思うかもしれません。しかし、社会を変える一歩は、もっと身近なところから踏み出せます。

　親に金銭的な余裕がなくて大学にいきたくてもいけない友人を見て、あなたは「しかたがない」と思うでしょうか。もし「生まれ育った家が貧しいと勉強を続けることもできない社会はおかしい！」と考えたとしたら、それはもう社会を変える最初の第一歩を踏み出しているということです。

貧困問題に取り組む支援活動

　日本各地に貧困問題に取り組んでいる団体があります。表①のように、ニーズに合わせたさまざまな支援や相談活動を行なっています。一人で貧困に立ち向かうことはむずかしくても、支援団体でボランティア活動をする、イベントに参加する、活動資金を寄付するなど、仲間と一緒に活動したり、「支援する人を支援する」ことはできるかもしれません。

表① さまざまな支援活動

ホームレス支援	炊き出し、夜回り、生活相談、医療相談など
法律家による支援	生活保護利用支援、借金問題などの相談
労働相談	賃金、解雇、パワハラなど労働問題に関する相談
女性支援	DV・セクハラ・ストーカーなどに関する相談、シェルター運営など
医療関係者による支援	無料の医療相談会の実施など
居場所の支援	女性、若者、生活保護利用者、精神障がい者などを対象とした居場所の運営
子どもへの支援	学習支援、居場所の運営など
こころの相談	電話相談など

データから考えてみよう

　この本では、さまざまなデータを取り上げてきました。貧困問題をより正確に客観的にとらえるためにも、貧困支援の現場から情報発信をしていくうえでも、データをとる（数値化する）ことはきわめて重要です。

　国や行政は、国民の税金を使って法律や制度を運用していきます。そのため、その法律や制度を作るときに「なん人の人が困っているかわからないけど、困っている人が多そうだから法律を作り、税金を使って困っている人を支援しましたが、支援策でどれくらいの効果があったかわかりません」では、国民は納得しません。

　国や自治体も、民間の支援団体も調査や分析を積極的に行なっていますが、私たちのような支援団体がデータをとる目的は、貧困の状況を客観的な数値で示し、国や自治体に法制度の新設や改定を求めたり、その運用の改善などをうながすことにあります。

　その一例として、〈もやい〉が行なった生活相談データ分析を一部紹介します。〈もやい〉では2004〜2011年に生活相談に訪れた人、約2,000件のデータを分析しました。次ページ図①を見てください。たとえば相談に来た人の住まいの状況を見ると、安定した住まい（アパート・実家など）が29.9％、不安定な住まい（居候・施設など）が20.3％、住まいがない（ネットカフェ・野宿など）が51.4％でした。「住まいがない」グループのうち、いわゆる「野宿」は約7割であり、残り3割はネットカフェ、サウナ、ファストフード店や脱法ハウスなどに寝泊まりしており、貧困状態が多様化し、より細分化され、実態が見えづらくなっていることが明らかになりました。

　また、〈もやい〉に相談に来るまえに福祉事務所を訪れた際の対応を見ると、生活保護などの制度利用にいたった人が10.2％、本人の意思で帰った人が4.4％、制度要件を満たさなかった人が11.7％、そして、相談したものの制度利用にいたらなかった人（水際作戦・誤った説明など）が73.7％を占めることが明らかになりました。つまり7割以上の人が、本来は公的制度を利用できる状況にあるにもかかわらず利用にいたらず、〈もやい〉に相談に訪れていました。

　データを示すことで、「路上に寝ている人を数えるだけでは、ホームレス状態の人の実態はわ

図① もやい来所者の居住の状況（2004～2011年）

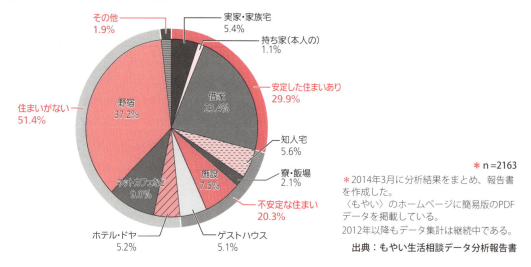

＊n=2163
＊2014年3月に分析結果をまとめ、報告書を作成した。
〈もやい〉のホームページに簡易版のPDFデータを掲載している。
2012年以降もデータ集計は継続中である。

出典：もやい生活相談データ分析報告書

かりませんよ」「福祉事務所の対応を改善してください」などの意見を説得力をもって行政や社会に訴えることができるのです。

〈もやい〉では、①入居支援事業②生活相談・支援事業③交流事業④広報・啓発事業の４つの事業を行なっています。

入居支援事業では、ホームレス状態の人がアパートを契約する際の連帯保証人や緊急連絡先を引き受けています。連帯保証人は、これまでのべ約2400世帯を引き受けています。

生活相談　支援事業では、年間約4000件の生活困窮者からの相談を受け付け、面談や電話等でアドバイスをしたり、役所へ生活保護申請をする際の同行支援を行なっています。

交流事業では、居場所作りの活動として、週に1度、カフェを開いたり、女性向け／若者向けの活動や、仕事作りの活動などを行なっています。

広報・啓発事業では、ホームレス問題、貧困問題についての情報発信や、調査・分析、政策提言の活動を行なっています。

目の前の困っている人を支援し、そして、支援する仲間のネットワークを全国で作り、困っている人を支援するための法律や制度の整備を提言する。私たちは「貧困を社会的に解決する」というミッションを掲げて活動しています。

 用語解説

●法テラス
法テラス（日本司法支援センター）は、国によって設立された、法的トラブルを解決するための機関。
経済的に困窮している人に対しては、無料法律相談や、弁護士費用の立て替えなども行なう。

●夜回り
夜、「ホームレス」の人が寝ているところを回り、食料を渡したり、困っていることがないかを聞きとったり、安否確認をしたりする活動。

WORK 01 やってみよう！ 相談先リストを作ってみよう

それぞれの自治体には必ず相談機関があります。自分の住んでいる自治体ではどこにあるか調べてみましょう。それ以外にも、民間の団体やNPOがやっている支援機関もあります。インターネットなどで調べて、名称、専門分野、住所や連絡先を書き出し相談先のリストを作りましょう。

相談先リスト

	機関名（分野）	住所／連絡先
公的機関	福祉事務所（貧困、障がいなど）	
	保健所（子ども、精神障がいなど）	
	労働基準監督署（労働問題）	
	子ども家庭支援センター（子ども、子育て）	
	児童相談所（子ども）	
	女性センター（女性）	
	医療機関（病気、障がい、依存症など）	
	地域包括支援センター（高齢）	

	機関名（分野）	住所／連絡先
民間機関	（　　　）	
	（　　　）	
	（　　　）	
	（　　　）	
	（　　　）	
	（　　　）	

CHAPTER12　私たちにできること

WORK 02 やってみよう！ 目の前に困っている友人がいたら？

もし、ある日友だちから「お父さんが会社をクビになって、仕事を探しているけどなかなか見つからず、心労でうつ病になってしまった。お母さんはもともと障がいがあって働けない。家賃も払えなくなってしまった」と相談されたら、あなたはどんなアドバイスをしますか？
なるべく具体的なアドバイスができるように、どんな制度やサービスが使えるか、だれを頼ればよいか、調べてみましょう。

WORK 03 みんなで話そう！ 私たちにできること

貧困をなくすために、あなたができること、地域や社会ができること、国ができること、それぞれについて、今日からできること、1年後までにできること、中長期的に取り組むことにわけて、みんなで話し合ってみましょう。

	私が	地域（社会）が	国が
今日からできること			
1年後までにできること			
中長期的に取り組むこと			

memo

こんなこと
してみたい！

　より深く学べる資料

『社会を変えるには』小熊英二、講談社現代新書、2012年
『「社会を変える」を仕事にする──社会起業家という生き方』駒崎弘樹、ちくま文庫、2011年
『貧困待ったなし！──とっちらかりの10年間』自立生活サポートセンター・もやい 編、岩波書店、2012年

計算ワークの答え

●18ページの答え

― 年収400万円　4人家族の場合 ―

① 400万円×0.8 ＝ **320万** 円（仮に所得×0.8を可処分所得の算定方法とします）

② **320万** 円÷√4 ＝ **160万** 円

⇒ 244万円（中央値） ＞ **160** 万円 ＞ 122万円（相対的貧困ライン）

中央値より低いが「貧困」ではない。

― 年収300万円　4人家族の場合 ―

① 300万円×0.8 ＝ **240万** 円（仮に所得×0.8を可処分所得の算定方法とします）

② **240万** 円÷√4 ＝ **120万** 円

⇒ 244万円（中央値） ＞ 122万円（相対的貧困ライン） ＞ **120** 万円

相対的貧困ラインより低いので「貧困」である。

●49ページの答え

国民年金（厚生年金等）	21,818 円 （ 9.2 %）
健康保険料	9,960 円 （ 4.2 %）
介護保険料	円 （ %）
雇用保険料	948 円 （ 0.4 %）
所得税・住民税など税金	13,920 円 （ 5.9 %）
控除合計	46,646 円　19.7 %

＊小数点第二位以下四捨五入

●92ページの答え

厚生年金の年金額（2人分の合計）

1カ月の生活費　**25万**　円 (a)　　年金月額　**20万**　円(c)
20年分の生活費　　　　　　　　　　20年分の年金受給総額

　(a)×12×20＝ **6000万** 円(b)　　　(c)×12×20＝ **4800万** 円(d)
　(b)−(d)＝ **1200万** 円（不足金額）(e)
　(e)÷43＝ **約28万** 円（現役時代に必要な年間貯蓄額）

国民年金の年金額（2人分の合計）

1カ月の生活費　**25万**　円(a)　　年金月額　**13万**　円(c)
20年分の生活費　　　　　　　　　　20年分の年金受給総額

　(a)×12×20＝ **6000万** 円(b)　　　(c)×12×20＝ **3120万** 円(d)
　(b)−(d)＝ **2880万** 円（不足金額）(e)
　(e)÷43＝ **約67万** 円（現役時代に必要な年間貯蓄額）

あとがき

　この本は、2014年に生活協同組合パルシステム東京の助成金により作成した『これで研修・授業・講座ができる！　貧困問題レクチャーマニュアル』、2015年に公益信託オラクル有志の会ボランティア基金の助成金により作成した第二版、ジョンソン・エンド・ジョンソンのご支援により作成した第三版をもとに、大幅に加筆修正し、刊行の運びとなりました。

　執筆は大西連、編集は加藤歩が行ないました。日本の貧困問題をわかりやすく解説するためにはどのようなアプローチが適切か、各章ごとにさまざまな統計資料や参考資料をひもときながら、悩み、格闘・葛藤しながら書き進めました。

　本書を読んでいただければわかるように、「貧困」にはさまざまな切り口があり、それらは社会に山積するさまざまな問題とつながっています。〈もやい〉として「貧困」とどう向き合うかということを考えたとき、私たちは、「貧困」を明らかにするために自分たちの意見を強く主張するのではなく、社会に対してどのように事実を伝え、それを積み重ねていくか、ということに重点をおきました。

　この本で行なうワークには、これが正しいという答えが用意されているわけではありません。ディスカッションでは、あえて意見がわかれるようなテーマを設定しました。家庭で、友人同士で、学校で、職場で、団体内で議論し、悩み、答えの出づらい課題に真摯に向き合うまさにそのとき、きっと社会を変えるアイデアや実践が生まれてくると信じています。

　〈もやい〉のミッションは「貧困問題を社会的に解決する」です。この本が貧困の社会的な解決に寄与することを心から願っています。

　最後に、謝辞を記します。カバーイラストは漫画家の柏木ハルコさんに描いていただきました。合同出版の編集担当である坂上美樹さん、下門祐子さんには、大幅な内容の改変にともない多大なご尽力をいただきました。ありがとうございます。また、〈もやい〉のスタッフ、ボランティアをはじめ、活動を支えてくれているすべての人に、心からの感謝を捧げます。

2017年1月

認定ＮＰＯ法人自立生活サポートセンター・もやい　理事長　大西　連

著者紹介

 認定NPO法人　自立生活サポートセンター・もやい

〈もやい〉は、生活に困窮した人が、生活を再建し、人とのつながりを取り戻すために、4つの事業を行なっています。

【入居支援事業】
路上、公園、施設、病院などで日々を送っている、広い意味でのホームレス状態にある方がアパートでの生活を始めるために、賃貸借契約時の連帯保証人や緊急連絡先の引き受けを行なっています。

【生活相談・支援事業】
生活に困窮している方々を対象に、面談、電話、メールなどで相談を行なっています。また、生活保護申請の際の役所への同行など、公的な制度の利用をサポートしています。

【交流事業】
居場所作りの活動として、交流サロン「サロン・ド・カフェ こもれび」、女性の居場所「グリーンネックレス」、若者の活動場所「ランタンベアラ こもれび」を開催。仕事作りの活動として「コーヒー焙煎プロジェクト」も行なっています。

【広報・啓発事業】
公的機関への提言や、情報発信、学校や地域での講演活動を行なっています。

■ホームページ
http://www.npomoyai.or.jp/

■装画　柏木ハルコ
■ブックデザイン　根子敬生
■本文組版　合同出版デザイン室

先生、貧困ってなんですか？
日本の貧困問題レクチャーブック

2017年 2月15日　第 1 刷発行

著　者　　認定NPO法人自立生活サポートセンター・もやい
発行者　　上野良治
発行所　　合同出版株式会社
　　　　　東京都千代田区神田神保町1-44
　　　　　郵便番号　101-0051
　　　　　電話　03(3294)3506／FAX03(3294)3509
　　　　　URL　http://www.godo-shuppan.co.jp/
　　　　　振替　00180-9-65422
印刷・製本　新灯印刷株式会社

■刊行図書リストを無料送呈いたします。
■落丁乱丁の際はお取り換えいたします。
本書を無断で複写・転訳載することは、法律で認められている場合を除き、著作権および出版社の権利の侵害になりますので、その場合にはあらかじめ小社あてに許諾を求めてください。
ISBN978-4-7726-1288-3　NDC360　257×182
©認定NPO法人自立生活サポートセンター・もやい、2017